한국인이 꼭 알아야 할 30가지
남한산성 이야기

한국인이 꼭 알아야 할 30가지
남한산성 이야기

초판 1쇄 인쇄 2016년 5월 10일
초판 1쇄 발행 2016년 5월 20일

지은이 안미애
펴낸이 백유미

Publishing Dept.
CP 조영석 | Chief editor 박혜연 | Editor 이하정 | Designer 이정화
Marketing 이원모 | Online Marketing 김주영

Education Dept.
Chief Creator 박은정

Management Dept.
Manager 임미현 윤민정

Staff
출력 카이로스 | **인쇄** 도담프린팅

펴낸곳 라온북
주소 서울 서초구 사임당로 64 6층
등록 2009년 12월 1일 제 385-2009-000044호
전화 070-7600-8230 | **팩스** 070-4754-2473
이메일 raonbook@raonbook.co.kr | **홈페이지** www.raonbook.co.kr

값 12,500**원**
ISBN 979-11-5532-233-8 03910

라온북은 독자 여러분의 다양한 아이디어와 원고 투고를 설레는 마음으로 기다리고 있습니다. 머뭇거리지 말고 두드리세요.

보내실 곳 raonbook@raonbook.co.kr

한국인이 꼭 알아야 할 30가지 남한산성 이야기

안미애 지음

라온북

| 머리글 |

산성, 이야기가 꽃피는 곳

제가 남한산성과 인연을 맺게 된 것은 2001년 경기도에서 처음으로 시행한 경기도문화유산해설사 양성교육을 통해서입니다. 그 당시 10월이면 성곽 주변으로 노란 산국이 지천이었습니다. 지금은 정비되어 어쩌다 마주치게 됩니다. 그래서 이맘때쯤이면 저는 봉암성으로 발길이 갑니다. 가는 느낌 또한, 호기심을 무척이나 자극합니다. 성 밖으로 나가더니 다시 성안으로 들어가기 때문에 참 묘하다고 할까요? 게다가 사람들의 발길이 많이 닿지 않아서인지 여기서만큼은 아주 오래된 성곽의 모습을 만날 수 있습니다. 같은 공간이지만 다른 시간이 흐르는 듯, 시간이 멈춰버린 이곳에서 작은 산국이 그 모습 그대로 저를 기다리고 있기 때문입니다.

제가 느끼는 산성은 그때나 지금이나 산과 더불어 천천히 걷는 산행이 제맛이라는 것과 수많은 문화재가 각기 이야기를 가지고 있다는 것이 무척이나 흥미로웠습니다. 무엇보다도 인류 공동의 문화유산으로 그 가치를 인정받아 유네스코 세계유산에 이름을 올린 이곳에 현재에도 21세기 사람들이 선조가 살았던 것처럼 터전을 잡고 있다는 것이 호기심을 자극하고 마음을 설레게 했습니다.

저는 해설사가 되면서 많은 사람을 만나고 해설을 해드렸습니다. 남한산성이라는 대상을 마치 시공간이 살아 움직이며 3D영화를 감상하는 듯 경험하고 보고 느낄 수 있게 이야기를 풀어나갑니다. 이러한 이야기에 빠져드는 관광객의 모습을 보면 짐짓 무속인들이 신명이 나면 널을 뛰듯 십여 년의 응축된 스토리텔링의 힘을 보란 듯이 쏟아내기도 했습니다.

이러한 한판 놀이가 끝나고 나면 왠지 모를 미안함이 마구 밀려왔습니다. 신명 나게 해설을 하는 날이면 더욱 그랬던 것 같습니다. 기록에 의존해 설명하는 데서 오는 한계와 관광객들에게 더 많은 이야기를 전해주지 못한 아쉬움 때문입니다. 그러던 중 내 또래의 주부들과 산행을 하는 기회를 갖게 되었습니다. 그날은 잠시 설명은 접어두고 그들의 눈빛으로 말했고 시선으로 공감하며 아주 가끔은 "보이시나요", "느껴지지요?"라고 말했던 듯합니다.

그렇게 두 시간 정도를 함께했었습니다.

저는 그 순간을 영원히 잊을 수 없습니다. 말을 하지 않아도 내 마음이 전달된 것을 알 수 있었습니다. 간혹 어떤 음악을 들었을 때 뜻밖의 장소에서 눈물을 마구 쏟았던 감동처럼 해설이 없는 산성은 그렇게 우리 앞에 다가왔습니다. 그때 깨달았습니다. 말은 해야만 맛이 아니라는 것을! 해설도 각기 다른 맛이 있다는 것을 말입니다.

시간이 흘러 이곳에 터를 잡은 지 10여년이 지났습니다. 그동안 인상적이었던 것은 매년 같은 봄을 맞은 적이 없다는 것과 똑같은 겨울을 보내지 않았다는 것입니다. 역사 속 삼학사를 만나기도 하고, 매년 삼학사 제사를 준비하는 앞집 아줌마를 만납니다. 헨드릭 하멜을 떠올리며 세계문화유산등재 축제 중에 외국인 과거시험을 보러온 푸른 눈의 이방인들을 만납니다. 성곽에서 보는 최고급 여의도 불꽃축제며 은은히 들려오는 보신각의 타종소리를 처음 들었을 때의 느낌은 지금도 잊을 수가 없습니다.

산성은 그야말로 이야기가 꽃피는 곳입니다. 역사 속에 많이 알려지지 않은 이야기며 마을의 이야기며 산성 사람들의 이야기로 가득한 곳입니다. 그러나 아직 많은 사람이 저와 같은 설렘과 호기심을 경험하지 못하고 있습니다. 그래서 산성의 이야기를 알려 제가 느꼈던 것들을 함께 느끼기를 바라는 마음으로 이 책을 쓰게 되었습니다.

잘 알려진 이야기를 하기보다는 제가 마음이 갔던 이야기라든지 마을의 이야기며 더 나아가서 과거와 현재가 통하는 모습에서 미래를 읽어내는 고민도 하면 좋겠다는 욕심도 보탰습니다.

저와의 이번 여행이 산성을 친근하게 이해할 수 있는 시간이 되길 바랍니다.

마지막으로 늘 힘이 되어주신 박봉숙 선생님과 시월애에 감사드립니다. 그동안 함께 했던 동료해설사들 한 분 한 분에게 마음 깊이 감사드리며 지금은 광주시 문화재팀으로 자리를 옮겨온 저를 따뜻하게 이끌어주신 문화관광과 직원들에게도 고마운 마음을 전합니다. 또한, 격려와 응원을 아끼지 않은 가족이 있었기에 책을 마무리할 수 있었습니다. 그리고 우리 가족을 품어주었던 산성 마을 주민에게 감사드립니다.

광주시 상번천리요지보호각에서

안미애

| 목차 |

3장 과거와 소통하다

4장 옛모습에서 현재를 보다

5장 산성엽서

1장

역사 속에 숨은 이야기

물이 흐르는 비밀의 문을 아십니까?

산성에 입성하는 방법으로는 광주IC에서 진입하거나, 반대로 성남에서 산성터널을 지나 들어올 수 있다. 이 도로는 1974년에 광지원에서 남한산성을 관통하여 성남으로 이어지게 개설했다. 봄이 되면 도로 주변으로 벚꽃이 만발해서 그 모습을 즐기기 위해 많은 사람이 이곳을 찾는다. 다른 곳에 비해 기온이 낮아 꽃이 늦게 피기 때문에 늦은 시기까지 벚꽃을 즐길 수 있는 아름다운 길이다. 광주 방향에서 진입하게 되면 광지원을 지나 오전리, 불당리, 검복리를 거쳐 상행선과 하행선으로 갈라지는 곳을 만난다. 이곳에서 오르막 도로를 따라 올라가다 끝나는 지점에서 드디어 산성의 성문인 좌익문(동문)을 마주하게 된다. 도로 탓에 이 부분만 성곽이 이어지지 않고 끊어져 있다.

성곽을 한 바퀴 돌고 싶다면 이곳에서 시작해서 북문 쪽으로 방향을 잡으면 좋다. 한번은 좌익문(동문)에서 지화문(남문) 방향으로 돌았더니 가는 내내 햇빛을 보며 걷게 되어 눈이 부셔 난감했었다. 딸아이가 어렸을 적에는 종종 성곽 한 바퀴를 돌곤 했다. 성인 보통걸음으로 2시간 30분에서 넉넉히 3시간이 걸리는데, 아이가 속상한 일이 있다거나 잘못을 저질렀을 때는 바로 다그치고 지적하기보다는 산에 가자고 했다. 이럴 때는 서로 말하지 않고 저만치 떨어져 걷게 된다. 그러다가도 두 시간 정도를 걷다 보면 마음속에 있던 분노나 미움, 서운함, 이런 복잡한 감정들이 자연스럽게 누그러지는지 딸아이는 어느새 옆으로 와서 말을 건넨다. 지금 생각해보면 스스로 답을 찾는 마음공부의 시간이었다. 이런 시간을 통해 아이가 성장하는 모습을 지켜보고, 나 자신도 돌아보게 된다. 내게 있어 '성곽 돌기'는 성찰의 시간이다.

성곽을 따라 걷다 보면 자연스레 번잡하던 마음이 호기심으로 바뀌는데 '이런 게 있었네, 이건 뭘까?' 하며 지루할 틈 없이 즐거워진다. 그 길 위에서 작은 문들을 만나게 된다. 워낙 넓고 큰 산성이니 다른 성곽과 비교할 때 들고나는 문이 많을 수밖에 없다. 다만 그 문이라는 것이 눈에 쉽게 띄지 않게 설치되었다는 것이 특징이다. 명칭도 '비밀스러운 문'이라는 뜻의 암문(暗門)이다. 왠지 암호를 말해야 문을 통과할 수 있겠다 싶다. 좌익문(동문) 방향부터 암문1로 시작해서 전승문(북문)을 지나 지화문(남문) 그리고 도로로 잘려버려 끝나는 지점까지 다 하면 본성에만 11개의 암문이 있다. 본성뿐만이 아니라 외성인 봉암성에 4개 그리고 한봉성에 1개가 설치되어 있어 모두 16개의 암문을 만날 수 있다. 이 암문은 병기나 식량을 적에게 들키지 않고 운반하거나, 적의 눈에 띄지 않게 성 밖으로 나가 구원요청을 하기 위한 시설물이다. 암문 가까이에는 사찰이 있는데, 사찰에서 이 암문을 관리한 것으로 짐작해볼 수 있다. 또 적에게 노출됐을 경우를 대비해 문 안쪽 양옆으로 돌들을 쌓아두어 불시에 문을 막거나 흙으로 메꾸어 폐쇄할 수 있게 대비했다. 돌멩이 하나도 그냥 있는 것이 아님을 알겠다.

성곽 한 바퀴를 다 돌고 암문은 실컷 봤다는 생각이 들 때쯤이면 아직 끝이 아니라고 말하는 듯 새로운 문이 딱 하고 나타난다. 이전의 보았던 아기자기한 문과는 다르게 지하로 나 있는 문이다. 본성의 마지막 암문인 제11암문을 지나자마자 보이는 문으로 축축하고 음침한 느낌이 든다. 그도 그럴 것이 이 문은 물을 성 밖으로 내보내는 수구문(水口門)이다. 물이 부족하면 경작을 할 수 없고 장기간 성안에서 버틸 수 없다. 그래서 산성을 쌓을 때 가장 중요하게 보는 점이 수량이다. 남한산성 안에는 우물이 80개, 연못이 45개 있었다니 물이 풍부했다는 것을 알 수 있다. 그러나 성안에 물이 고여 있으면 지반도 약해지고 성벽 내부에 스며들어 성벽이 약해질 수 있다. 이런 취약점을 보완하기 위해 물이 빠질 수 있게 성벽에는 수구나 수구문을 설치해두었다. 그래서 성곽 밖에서 보면 돌출된 수구를 쉽게 확인할 수 있다. 또 산성 계곡에서 흘러내린 물은 대부분 지수당 부근에서 합류되어 동쪽의 있는 수구문을 통해 배출시켰다. 어린 학생들과 함께 이곳에 오면 "산성은 동쪽이 높을까요, 낮을까요?"라고 묻곤 한다. 그러면 뜻밖에 많이 헛갈려 한다. 그래서 "물은 높은 데로 흐를까요? 낮은 데로 흐를까요?"라고 바꿔 물으면 그제야 "동쪽이 낮다."라고 합창을 한다.

오래전부터 이 수구문을 시구문(屍口門)이라고도 불렀다. 말 그대로 죽은 사람의 시신이 나가는 문이라 해서 붙여진 이름이다. 당시에는 동서남북의 성문을 통해 시신이 나갈 수 없어 수구문을 이용했다. 천주교 박해 때도 많은 시신이 수구문 밖으로 버려졌다. 그 때문에 지금까지도 천주교 신자들의 발길이 이곳으로 이어지고 있다. 또 4대성문이 다 닫혔을 때는 수구문을 통해 몰래 사람이 드나들었다고 하니, 그중에는 성 밖에서 시간 가는 줄 모르고 놀다가 수구문을 찾은 사람도 있었을 것이다.

근래 수구문 주변 성벽 발굴조사로 공사 중이어서 분위기가 어수선하다. 그래서 수구문을 만나는 것은 차갑고 침울하고 때론 이런 것들로 피로감마저 느끼게 한다. 다른 문들에서 느껴지는 소박한 아름다움이라든지 예스러움과는 다른 긴장감이 있다. 나름 이런 이유 때문에 나는 수구문을 넘어 시구문에 더 의미를 두게

·· **암문** 병기나 식량을 적에게 들키지 않고 운반하거나, 적의 눈에 띄지 않게 성 밖으로 나가 구원 요청을 하기 위해 만들어졌다.

된다.

수구문에는 또 다른 숨은 매력이 있다. 수구문 바로 옆의 제11암문을 통해 나가면 나무들이 숲을 이루고 있는데, 이른 봄이 되면 이곳에서 사진작가들을 여럿 만나게 된다. 모두 엎드려서 카메라 렌즈에 야생화의 모습을 담아내느라 분주하다. 이곳은 야생화 군락지로 앉은부채나 청노루귀를 볼 수 있다. 최상의 사진을 찍기 위해 웅크린 사람도 있고 비스듬히 누워 찍는 사람까지 모습이 다양하다. 이곳에 야생화가 핀다는 것을 어떻게 알고 왔는지 해마다 눈에 띄게 찾아오는 사람들이 늘었다. 사람들이 늘면서 앉은부채가 꺾이고 밟힌 흔적을 쉽게 볼 수 있다. 야생화들이 머지않아 퇴출당하지 않을까 염려스럽다. 예전만 하더라도 이곳은 한적해서 새들이 둥지를 틀어 알에서 갓 부화한 새끼들을 볼 수 있었다.

이렇게 시구문을 찾은 날에는 개원사에서 보았던 "우리의 정든 보금자리 그냥 예서 살게 눈으로 눈으로만 보아주세요."라는 글귀를 떠올리며 꽃들을 대신해 간절히 빌었다.

왕과 왕비의 혼을 모시는 종묘가 이곳에!

행궁의 오른쪽 담장을 끼고 길을 따라 조금만 올라가면 제법 넓은 터가 나온다. 그곳에는 개망초며 강아지풀이며 이름 모를 풀들이 제멋대로 피어 있다. 그 끝자락에 옛 건물 한 채가 덩그러니 행궁을 향하고 있는 모습이 들어온다. 이 건물은 좌전(左殿)으로, 안내코스에도 없고 멀리서 보면 길이 없는 막다른 곳으로 보여서인지 이곳을 찾는 탐방객도 그다지 눈에 띄지 않는다. 굳이 코스에 포함하면 행궁을 답사하면서 행궁후원의 이위정에서 담장 밖으로 한 번 보고 끝나기 일쑤이다. 사람의 발길이 덜 닿아서인지 매우 한적한 느낌이다. 그런데 좌전을 끼고 뒤쪽으로 오르면 단번에 수어장대와 숭열전으로 갈라지는 중간지점에 오르게 된다. 최단거리로 정상에 있는 수어장대로 오를 수 있는 지름길이다. 좌전 뒤쪽으로는 포트리존이라는 팻말을 볼 수 있는데, 이곳에서 좌전 사진을 찍으면 아무리 사진 찍는 기술이 없는 사람이라도 참 잘 찍었다는 소리를 들을 수 있다. 내가 이런저런 이유를 가져다 대면서 이곳을 이야기하는 것은 많은 사람이 좌전이 어떤 건물인지 의미를 알고 보기를 바라는 마음이 크기 때문이다.

좌전 건물은 건물의 위계로 따질 때 가장 격이 높은 건물이다. 조선시대에는 신분 차에 따라 위계질서를 둔 것처럼 건물에 이름을 붙일 때도 사용하는 주인의 신분에 따라 차이를 두는 질서가 있었다. 건물이름 뒤에 전, 당, 합, 각, 재, 헌, 루, 정으로 붙여 구분하였는데, '전'이 붙은 건물은 왕이나 왕비가 사용하는 곳이다. 왕을 칭하는 '전하'라든가, "대전에 드시옵소서."라는 말에서 '전'은 왕에게만 사용되는 말이다. 그다음으로 한 단계 낮은 '당'은 왕의 아들인 세자나 군이 사용하는 곳으로, 왕과 왕비는 당에서도 생활했다. '합'이나 '각'이 붙은 건물은 전이나 당의 부속 건물로 행궁의 일장각이 여기에 해당한다. '재'는 왕실 가족의 휴식이나 주거공간으로 사용하는 건물에 쓰였고, '헌'은 대개 대청마루가 붙어 있고 공무적 기능을 가진 건물로, 산성에서는 기록에 보이는 제승헌을 꼽을 수 있다. '루'는 바닥이 땅에서 떨어져 있는 건물로, 행궁의 정문인 한남루나 좌승당의 유차산루가 있다. 마지막으로 '정'은 흔히 정자에 많이 붙여지고 휴식이나 연회를 하는 공간으로, 건물로는 영월정, 이위정 등이 있다.

자, 이제 좌전의 주인이 왕의 신분이라는 것을 눈치챘을 것이다. 이제 건물의 지붕 모양을 살펴보면 간단하게나마 무슨 기능을 하는 공간인지 알 수 있다. 지붕이 마주 보고 있으면 맞배지붕, 여덟 팔자모양을 하고 있으면 팔작지붕으로, 제사를 지내는 공간은 맞배지붕을 하고 있다. 이외에도 문의 형태, 단청의 치장 정도에 따라 제사를 지내는 공간인지 아닌지를 구분할 수 있는데 좌전은 맞배지붕을 하고 있으며 화려한 색을 배제하여 엄숙한 공간임을 나타내고 있다. 이런 근거로 조합해보면 좌전은 왕과 관련된 제사를 지내는 건물임을 알 수가 있다. 이제부터는 제사를 지내는 건물 앞에 가서 "이리 오너라." 하며 선비놀이를 하는 민망한 상황은 일어나지 않을 것이니 얼마나 다행한 일인가? 아는 만큼 보인다는 말은 이럴 때 쓰는 말이지 싶다.

'왕의 제사' 하면 제일 먼저 종묘가 떠오르게 마련이다. 결론적으로 말하면 좌전은 종묘가 국가적 위난 상황으로 그 기능을 수행할 수 없을 때 신주를 이곳으로 옮겨와 모시는 임시 봉안처이다.

그런데 왜 이런 공간이 필요했을까? 성리학의 나라인 조선은 제사를 지내는 것을 매우 중요하게 여겼고, 신주에는 돌아가신 조상의 혼이 담겨 있다고 생각했다. '신주단지 모시듯 하다'는 말을 들어본 적이 있을 것이다. 주로 물건을 귀하고 소중하게 옮길 때 이런 표현을 사용하는데, 신주에 조상의 혼이 깃들었다고 생각한 만큼 극진히 모셨기 때문이다. 이렇게 제사는 효를 실천하는 근본으로 여겨졌다. 부모에게 효를 다하는 사람은 임금에게 충성스런 신하와도 같고, 제사를 지내지 않는 것은 불충한 신하가 되는 것과 진배없었다. 더욱이 국가의 최고통치권자인 왕과 왕비의 신주를 모시고 지내는 제사는 만백성 앞에서 유교의 덕목을 모범적으로 보이는 매우 중요한 일이었다. 이런 연유로 위난을 대비해서 종묘의 신주를 안전하게 모셔둘 공간이 필요했고, 그 기능을 담당한 곳이 좌전이다. 다른 행궁에서는 찾아볼 수 없는, 유일하게 남한산성 행궁만이 가지고 있는 특별함이다.

간혹 좌전 입구에 돗자리를 펴놓고 삼삼오오 음식을 먹는 모습을 보면 안타까운 마음이 들었다. 2004년에 복원되어 비록 옛 건물에서 보이는 고졸한 아름다움을 느끼기에 한계가 있지만, 본래 건물이 지니고 있는 역사는 그 한계를 훌쩍 넘는다. 이처럼 보고 느끼고 의미를 살필 줄 알 때 비로소 남한산성의 가치를 말할 수 있을 것이다.

·· **좌전** 포트리존(빼어난 경치와 흥미로운 이야깃거리를 함께 즐길 수 있는 포토존을 뜻함)에서 찍은 사진으로 좌전 뒤에서 바라본 모습이다. 저 멀리 남한산성행궁이 보인다.

마을 주민이 지켜낸 소나무

남한산성을 소개하는 남한산성도립공원 사이트나 남한산성세계유산센터 사이트 또는 관광안내지도에는 5가지로 등산코스가 안내되어 있다. 산에 오르니 '등산'이지만, 정상을 정복하고야 말겠다는 느낌이 강해 나는 등산이라는 말을 그다지 좋아하지 않는다.

대신 '산행'이라는 말이 산성과는 더 잘 어울린다. 산과 함께 걷는 길에서 1,300여년 전 성곽을 만나고, 남단사터나 한흥사터에서 잠시 지난날 번성했던 때를 떠올려본다. 연주봉 옹성에 가게 되면 확 트인 전경도 좋지만, 뒤를 돌아보면 동쪽에서 북쪽을 지나 서쪽으로 굽이치며 이어지는 성곽을 볼 수 있다. 오로지 앞만 보며 오르는 길에서는 만날 수 없는 광경이다. 공자의 말씀에 '지나간 일을 알려주었더니 닥쳐올 일을 아는구나'라는 말처럼 뒤를 돌아보는 일은 답사길이든 일상에서든 중요하다. 과거를 되돌아보는 시간을 가질 때 미래도 보이는 이치이다. 나는 역사에서 과거의 사실을 아는 데서 그치는 것이 아니라 오래된 미래를 통해 현재와 과거의 연결선상에서 꿈꾸는 미래의 방향성을 찾아야 한다고 생각한다. 산성에 오면 앞만 보고 걷기보다는 산과 더불어 천천히 걷는 연습을 해보자.

많은 사람이 즐겨 걷는 1산행코스는 산성로터리~전승문(북문)~우익문(서문)~수어장대~영춘정~지화문(남문)~산성로터리로 1시간 20분 정도 소요된다. 가장 짧은 코스는 2코스로 로터리에서 바로 영월정과 숭렬전으로 해서 수어장대로 올라간 뒤에 우익문(서문)에서 국청사길로 내려오면 된다. 내려오는 중간에 한경직 목사 우거처(寓居處)를 볼 수 있어 기독교 신자들이 많이 찾는 곳이다.

1, 2코스는 많이 다녀봐서 좀 지루하다 싶을 때 권해주고 싶은 산행길은 3코스다. 유일하게 외성인 벌봉을 경유하는 코스로, 본성과는 다른 느낌의 성곽을 만날 볼 수 있다. 남한산성도립공원 사이트의 등산로탐방에는 3코스와 5코스가 역사관에서 출발하는 것으로 되어 있는데, 현재 역사관은 없어지고 대신 남한산성종합상황실이 위치하고 있어 이전과 달리 산성의 정보를 한눈에 만나

보기 어렵다. 이 사실을 모르고 온 탐방객들은 역사관의 위치를 종종 묻곤 하는데 첫 출발지로 남한산성도립공원 관리사무소나 남한산성 세계유산센터를 권한다.

어느 정도 경사진 곳을 좋아한다면 4코스와 전체 본성 한 바퀴를 따라 탐방하는 5코스가 있다. 이 가운데 1코스와 2코스를 결합해도 좋다. 출발지는 어느 곳을 먼저 하든 상관없지만, 코스 중간에 계단이 설치된 곳을 경유한다.

결합된 코스는 산성종로(로타리)에서 출발하여 전승문(북문)~우익문(서문)~수어장대에서 지화문(남문)쪽으로 방향을 잡지 말고 다시 우익문(서문) 방향으로 약 100m 내려오다 보면 우측으로 화장실과 벤치 사이에 난 길이 보인다. 이 길로 내려가면 아래어정이라 불리는 약수터가 나오고 숭렬전~영월정~침괘정으로 내려오면 된다. 탐방시간도 1시간 20분 정도로 산행하기 알맞다. 아이들과 함께이거나 답사시간이 넉넉하지 않다면 이렇게 결합된 코스를 권한다. 다른 코스에 비해 짧은 시간에 많은 문화재를 둘러볼 수 있어 유익하다. 더불어 붉은빛을 내는 소나무들을 감상하는데 이만한 곳이 없다.

아래어정을 지나 계단으로 내려오다 보면 취성암(醉醒岩)이라는 안내석을 볼 수 있다. 술에 취한 사람이 앉으면 술이 깬다는 전설이 있는 바위로, 앉아 있으면 가슴속까지 스며드는 시원함을 느낄 수 있다고 한다. 전에는 취성암이란 글씨가 새겨진 바위가 있었다고 하는데, 언제부턴가 보이지 않게 되었다는 설명도 보인다. 이곳을 한 번이라도 방문한 사람이라면 머리가 맑아지는 효과를 느꼈을 것이다. 바위 때문이라기보다는 주변 소나무숲에서 나오는 피톤치드가 높기 때문이 아닐까 한다.

TV나 매스컴에서 소나무가 사라지고 있다고 하는데 산성은 전체 약 70만 평 가운데 20만 평 정도가 적송으로 이루어져 있다. 대부분 1, 2를 결합한 코스에 가장 많이 밀집되어 있다. 소나무 숲을 걷다 보면 범접하기 어려운 느낌을 받게 된다. 굵은 나무 둥치에서 느껴지는 바위 같은 강직함과 기이하게 휘어진 모습에 끌리게 되고, 눈도 맑아지며 마음마저 깨끗해지는 느낌이다.

또, 새벽안개가 내려앉은 몽환적인 소나무숲의 광경은 말로 표현하기 어려울 정도로 환상적이다. 둘 중 어느 것이 더 아름답다고 말할 수가 없지만, 배병우 사진작가의 소나무 작품을 사들였다는 세계적인 가수 엘튼 존도 동양의 소나무에서 느껴지는 신비로운 아름다움에 매료되지 않았을까? 모름지기 산성의 가치는 소나무가 살고 있어 높을지도 모른다.

산성의 소나무 수령(樹齡)은 대개 약 80~100년 정도로, 서울과 경기지역에서 이 정도 규모의 소나무숲을 찾아볼 수 없다. 산성 안에 이렇게 많은 적송이 있는 이유를 행궁에서 좌전으로 오르는 길에 있는 두 개의 비석을 통해 알 수 있다. 우측의 비는 금림조합장 석동균 씨의 영세불망비(永世不忘碑)이고 좌측은 이영래 씨의 영

·· **금림조합불망비** 우측의 비는 금림조합장 석동균 씨의 영세불망비(永世不忘碑)이고 좌측은 이영래 씨의 영세불망비다. 이들의 노력이 있었기에 남한산성에서 지금의 소나무숲을 만날 수 있다.

세불망비로, 이들의 공을 기리기 위해 이순영 외 37인이 세운 비이다. 예전에는 나무를 베어다 땔나무로 사용했기 때문에 산림의 훼손이 심했다. 남한산성도 예외가 아니어서 마을 주민이 나무를 베지 못하게 관리 감독하는 금림조합을 1927년에 자발적으로 조직했다. 남한산 금림조합과 관련해서 경기도 광주군 중부면 산성리에서는 석동균, 이영래 씨의 발기로 남한산금림조합을 조직하여 산림감독 50명을 가난한 사람 중에 뽑아 매일 6명씩 교대하여 순찰하도록 하고 급료로 1인당 쌀 1되씩을 주어 광주군 내 모범림이 되었다는 내용을 1929년 3월 23일자 동아일보에서 확인할 수 있다.

이러한 선조의 노력이 있었기에 지금의 소나무숲을 만날 수가 있다. 소나무 외에도 신갈나무, 굴참나무, 서어나무, 단풍나무 등 다양한 수종이 숲을 이루고 있고, 그 때문에 야생화, 까막딱다구리 등 희귀종들을 찾아볼 수 있다. 이 자연생태계를 보호하기 위해 남한산성은 경기도립공원으로도 지정되어 있다.

금림조합불망비(禁林組合不忘碑)는 단순히 관리의 공을 칭송한 공덕비와는 다르다. 가진 자가 부를 독식하는 것이 아니라 마을공동체를 위해서 사회적 의무를 실천한 선조의 마음이 담겨 있다. 후손들은 선조의 비석을 보면서 무슨 생각을 할까? 잠시 비뚤어진 생각을 했다가도 내가 이래서는 안 되지 라며 마음을 다잡지 않을까? 선조의 위상을 후손이 부끄러운 행동으로 더럽혀서는 안 된다는 생각이 들 터이다. 이렇게 산성에는 구석구석 선조의 가르침이 살아 후손을 향해 있다.

비단옷 입은 사람을 대장으로 삼지 말아야

성문(城門)을 만나게 되면 치열한 전투장면이 떠오른다. 아마도 TV나 영화에서 성문을 사이에 두고 한쪽은 막기 위해, 다른 한쪽은 뚫기 위해 싸우는 장면을 자주 보아서일 것이다. 살기 위해 죽어간 수많은 사람의 무덤이 성문이기도 하다. 동시에 성을 사이에 두고 이루지 못한 애틋한 사랑 이야기도 간직하고 있을 것이다. 그 때문인지 무지개 모양의 성문은 미소를 보내는 듯 아름답다. 이 미소에 끌렸는지 아니면 입성을 확인하기 위해서인지 관광객들이 성문을 배경으로 사진을 찍는 모습을 볼 수 있다. 어린 학생들은 크기를 가늠하는지 두 팔을 벌리고 이리 팔짝 저리 팔짝 귀

엽게 뛰어다닌다.

학생들과 답사를 하면 종종 '왜 힘들게 무지개 모양으로 성문을 쌓았냐'는 질문을 받는다. 그럴 때면 나는 "우리 몸을 지탱하는 발바닥 모양이 어떻게 생겼지?" 하고 되묻는다. 그러면 즉각 "움푹 들어갔어요." 한다. "맞아, 움푹하지 않고 평평했다면 평생을 지탱하며 걷기 힘들었을 거야. 마찬가지로 무지개 모양처럼 문을 쌓으면 네모지고 반듯하게 쌓아 올린 것보다 훨씬 견고하고 오래간단다. 그리고 보기에도 아름답지! 한자로는 홍예문(虹霓門)이라 하고 순우리말로 무지개문이라고 해." 설명을 들은 아이들은 연신 고개를 끄덕인다.

아무리 견고하게 잘 쌓은 성곽이라도 성문은 취약할 수밖에 없다. 전쟁이 나면 대부분 성문을 커다란 나무둥치로 친다든지, 어떤 방법이든 성문을 제일 먼저 공략하기 때문이다. 성문이 뚫렸다는 것은 적으로부터 함락당했다는 것을 의미한다. 그래서 가장 많은 공격을 받는 성문을 보호하기 위해 대개 이중 보완시설을 설치한다. 성문 밖에 성을 한 겹 더 쌓은 형태로 이것을 옹성(甕城)이라고 부른다. 숭례문이나 흥인지문을 떠올려보면 성문 밖으로 반달 모양으로 한 겹 더 쌓은 성을 본 기억이 있을 것이다. 이것이 옹성으로, 본 성의 성문을 이중으로 보호하는 역할을 한다. 그런데 남한산성의 성문에는 이러한 기능의 옹성을 찾아볼 수 없다. 성문이 위치한 곳이 경사가 급하여 수비 효과가 높은 곳이기 때문이다.

반면에 지대가 낮아 적의 침입이 쉬운 성벽을 보호하기 위해 옹성을 설치한 점이 특이하다.

일반적으로 동, 서, 남, 북 방향으로 4개의 성문을 설치하는데 산성 1코스에서 가장 먼저 만나볼 수 있는 곳이 전승문(全勝門, 북문)이다. 행정구역상 성안은 경기도 광주시에 속하고 전승문 밖으로는 하남시와 경계를 이루고 있어 상사창동으로 연결되어 하남에서 산성에 입성하는 가장 빠른 길이다.

대개는 북문이라 부르지만, 엄연히 전승문이라는 현판을 달고 있다. 단순히 방향과 드나드는 기능만을 가리키는 북문을 넘어, 지니고 있는 고유의 이름 그대로 불렀을 때 하나의 커다란 역사를 만날 수 있다. 전승문은 병자호란 당시 최대의 전투가 있었던 장소이며 참패의 역사를 가지고 있다. 1636년 12월 28일 남한지(南漢誌)에는 "술사가 말하기를 오늘은 화와 전이 모두 길하다 하였다고 해서 김류가 이것을 믿고 화의를 진행하며 접전하고자 하니… 김류는 또 화약과 연환을 아끼어서 놓는 대로 대어 주게 한 때문에 한 방 쏠 때마다 탄약 달라는 소리가 골짜기에 메아리쳤다. … 아군은 순식간에 섬멸되고 단 한 사람도 살아 돌아오지 못하니 별장 신성립, 지여해, 이원길들이 모두 함께 죽었으며 호병이 죽은 것은 단 두 명뿐이다."라는 기록이 있다.

우리 측이 청군을 기습 공격했던 유일한 전투로 지휘관이었던 영의정 김류는 점쟁이 말만 듣고 공격했다가 적의 유인정책에 말

·· **전승문(북문)** 병자호란 당시 최대의 전투가 있었던 장소이며, 참패의 역사를 가지고 있다.

려 아군 300여 명이 전멸한 법화골 전투가 있었던 곳이다.

전투가 있기 나흘 전에 한 병사가 왕께 올린 말이 가슴 아프다. 남한지에는 북문에서 1636년 12월 24일 한 병사가 국왕께 "어영군이 북문에서 싸워 목 벤 숫자가 많았다. 이때 한 병졸이 왕께 이까짓 적은 어렵지 않습니다. 다만 비단옷 입은 지위 높은 사람으로 대장을 삼지 말아야 싸울 수 있습니다."라고 글을 올린 기록을 볼 수 있다.

여기에 김류라는 인물에 대해 좀 더 알 수 있는 사건이 있다. 전쟁이 끝난 후 조선의 많은 사람이 포로로 잡혀가게 되었다. 김류의 서녀도 잡혀가자 김류는 청나라 역관인 정명수의 옷깃을 붙잡고 '내 딸을 속(贖)바쳐 보내주면 천금을 주겠소'라고 사정했다. 이 일로 죄를 면하기 위해 돈을 바치는 값을 올렸다는 비난을 받았다. 지혜롭지 않은 사람이 지도자가 되었을 때 어떠한 결과를 낳는지 전승문의 법화골 전투를 통해 보게 된다.

전승문은 방위상 북쪽에 위치한다. 옛사람들은 동서남북 방위를 사계절과 결부시켜 동쪽은 봄, 서쪽은 가을, 남쪽은 여름, 북쪽은 겨울로 보았다. 유교사상으로도 연결해 동쪽은 인(仁), 서쪽은 의(義), 남쪽은 예(禮), 북쪽은 지혜를 뜻하는 지(智), 중앙에는 신(信)이 자리하고 있어 인간이 지켜야 할 5가지 기본 덕목인 오상(五常)으로 보았다. 전승문은 '겨울'에 해당되고, 오상 가운데 '지'에 해당된다.

봄에 싹을 틔우기 위해서는 겨울 동안 땅속에서 준비하고 있어야 한다. 그렇지 않으면 얼어 죽는다. 그래서 '지혜로울 지(智)'를 가리킨다. '지'란 모름지기 겉으로 드러나는 것이 아니라 내면 깊이 통찰하는 슬기로움을 뜻한다. 오상은 이처럼 인간이 지켜야 할 기준이다.

비단 과거에만 아니라 오늘날에도 적용되는 기준이다. 조직이나 단체를 이끄는 위치에 있는 리더는 섣부른 행동을 경계하고 지혜롭게 행동해야 함을 새삼 깨닫게 된다.

모든 전쟁에서 승리한다는 뜻의 전승문은 처참하게 참패했던 가슴 아픈 현장이다. 다시는 이러한 패전을 되풀이하지 않겠다는 강한 의지를 이름을 통해 말하고 있다.

화(和)의 정신을 읽다

건물마다 ○○○회사, 협회 등 그 건물의 명칭이나 기능을 알 수 있도록 간판을 걸어둔다. 필요에 따라서는 현판식이라 하여 행사를 치르면서 의미를 더한다. 이렇듯 옛 문화재를 답사하다 보면 건물에 크고 작은 현판(편액)들을 볼 수가 있다. 편액은 글자 그대로 넓적할 편(扁), 이마 액(額)자로 건물의 이마 부분에 해당하는 곳에 넓적하게 달아놓은 판으로 문과 처마 사이에 걸어놓은 것을 말하고, 현판은 건물에 거는 모든 목판류를 가리킨다. 사람도 이마가 반듯해야 보기가 좋듯 건물도 마찬가지다. 건물의 크기에 비해 작은 편액이 걸려 있으면 비례가 맞지 않아 초라해 보이거니와 숭례문의 편액처럼 세로로 걸어 건물과 조화를 이루면 아름답게 돋보이기도 한다.

현판의 글자는 대부분 한자로 되어 있어서 초등학생들이 읽기엔 다소 어렵다. 중고등학생들에게 남한산성행궁 정문인 한남루의 편액을 물어보면 읽기는 하나 루남한이라고 읽는 소리도 여럿 들린다. 수어장대의 현판을 봐도 거의 비슷한 현상이 나타난다. 더욱이 기둥에 걸어둔 글씨인 주련을 읽으려면 성인들도 어디서부터 읽어야 하는지 난감해한다. 옛 건물을 감상할 때는 옛사람의 생각을 담아 감상해야 한다. 지금은 건물간판이나 인쇄물들은 모두 왼쪽에서 오른쪽으로 읽지만, 옛사람은 그 반대로 사용했다. 따라서 오른쪽에서 왼쪽이나 오른쪽에서 아래쪽으로 방향을 잡으면 된다. 그림을 감상할 때도 마찬가지로 오른쪽에서 시작하면 된다. 왼쪽에서부터 보면 제대로 된 감상을 할 수가 없다. 옛사람의 생각으로 보는 것부터가 답사의 시작이다.

남한산성의 정문에도 성문의 이름을 알 수 있도록 현판을 걸어두었는데, 지화문(至和門, 남문)이다. 특이하게 성 안과 밖에 모두 걸려 있다. 성 밖에 걸린 지화문 현판은 2009년도에 행궁 하궐 중건 상량식을 하면서 새로 단 것으로 조선 22대 왕 정조의 글자를 집자해서 새겨 달았다. 한 자 한 자 따로 가져와 맞춘 글자인데도 힘이 들어가 있고 서로 잘 어울려 4대 성문의 대표하는 정문의 편액으로 손색이 없어 보인다. 반면에 성안에 걸린 현판은 어느 시대 누구의 글씨인지 알려지지 않았다. 4대문 중 유일하게 현판이 남아 있다.

지화문은 다다를 지(至), 화합할 화(和), 문 문(門)으로 '화합에 다다르다'는 뜻이다. 제아무리 천혜의 조건을 갖춘 요새라도 성을 지키는 사람끼리 화합하지 못한다면 성을 지켜낼 수 없으므로 서로 화목해야 한다는 의미를 담고 있다.

'인화가 없다면 누구를 믿고 누구와 더불어 성을 지킬 것인가?'를 말했던 정조는 산성의 정문을 지화문으로 명명하였다. 지난날 선왕이 무엇보다도 화(和)의 정신을 중요하게 생각했다는 것을 말하지 않아도 알 일이다.

이렇듯 현판의 글자가 갖는 의미는 깊고 넓다. 미국대통령의 집무처인 백악관(white house)은 그냥 하얀 집으로, 보이는 그대로가 전부이다. 이에 비해 조선의 궁궐인 경복궁의 경복(景福)이라는 말은 시경에서 왕조의 큰 복을 빈다는 뜻으로 모든 백성이 걱정 없이 살아가고 왕조가 번성하기를 기리는 의미가 담겨 있다. 우리 조상은 이름에도 유교적 이상을 담았다. 보이는 것이 전부인 서양의 것과는 차이가 있다. 옛사람들의 생각을 살피고 그 생각을 담아서 보아야 하는 이유가 여기에 있다.

이러한 의미를 인화관(人和館)에서도 찾아볼 수 있다. 행궁 한남루에 가기 전 왼쪽에 위치한 건물로 지방에 두었던 객사이다. 임금의 상징인 대궐 전(殿)자를 새겨넣은 나무패인 전패를 중앙(정청)

에 모셔놓고 관원이나 지방에 출장 간 벼슬아치들이 초하루와 보름에 배례를 올렸던 장소다. 또 임금이 행궁에 머무르는 동안 수행원이나 한양의 높은 관료들이 내려올 때 묵었던 곳으로 숙박 기능도 함께 담당했다. 건물을 건립한 광주목사 이태연이 인화관이라 한 것 또한 '여러 사람이 마음으로 서로 화합함'을 의미한다. 지화의 화(和)와 인화의 화(和)가 모두 화합의 중요성을 강조하고 있다. 인화관이 복원되기 전까지 공교롭게도 이곳에는 호텔이 있었다. 2003년도에 호텔이 헐릴 때 '산성호텔' 글자가 박힌 접시라도 기념으로 보관할까 하는 생각을 하기도 했다.

지화와 인화에서 또 다른 척화와 주화의 화(和)를 끄집어낸다. 후자의 화는 대립이고 충돌이다. 국가가 위태로울 때의 대립은 분열을 조장하고 비극을 생산한다. 척화와 주화가 화의 정신으로 돌아갔다면 어쩌면 좀 덜 비극적이지 않았을까 라는 부질없는 생각을 해본다. 자신의 주장을 관철하기 위해 헐뜯고 싸우는 것은 서로 간에 반목만 키우고 상처만 남길 뿐이다. 시대를 떠나서 현재를 살아가는 우리에게 인화는 참으로 필요한 정신임이 틀림없다.

·· **지화문(남문)** 제아무리 천혜의 조건을 갖춘 요새라도 성을 지키는 사람끼리 화합하지 못한다면 성을 지켜낼 수 없으므로 서로 화목해야 한다는 의미를 담고 있다.

닭백숙과 효종갱을 아시나요?

여행길이나 답사에서 이동 경로만큼이나 무엇을 먹을 것인가는 큰 고민이 아닐 수 없다. 대부분은 이왕이면 맛있고 유명한 향토음식을 맛보려고 사전에 알아보는 수고로움을 마다치 않는다. 남한산성은 문화재도 많지만, 음식점도 많다. 성안에만 80여 곳이 넘는데 닭백숙과 닭볶음탕은 빠지지 않는 메뉴다. 남한산성 하면 닭백숙으로 알려진 이유를 단번에 알 수 있다. 그러나 세계유산 등재를 준비하는 과정에서 닭백숙 때문에 남한산성이 관광유원지 정도로 인식되고 있다고 생각해 남한산성 하면 닭백숙이라는 이미지를 바꾸기 위해 노력했던 때가 있다.

그럼에도 나는 닭백숙과 닭볶음탕을 먹어봐야 제대로 된 산성의 맛을 느낄 수 있다고 생각한다. 음식점이 모여 형성된 백숙거리는 지난 2014년도에 문화체육관광부와 한국관광공사가 주관한 음식테마거리로 지정받아 백숙은 산성의 대표 음식이 됐다. 산성의 닭백숙은 이곳이 번성했을 때나 쇠락했을 때에도 대대손손 그 자리를 지키며 이곳을 찾는 사람들을 맞아준다. 어머니에서 아들로, 아들에서 며느리로 손맛은 전해져 눈과 마음을 즐겁게 한다. 즐거운 기분으로 먹는 음식은 고향같이 편안하다. 어렸을 적 뛰놀던 산을 마주 보며 평상에 앉아 가족과 먹던 소박한 밥상이 주는 행복감을 이곳에서 느낀다.

반찬인 김치는 대부분 직접 재배해서 담그기 때문에 배추는 달고 맛이 깔끔하다. 산성은 다른 지역에 비해 기온이 낮아 일찍 김치를 담그는데, 김장철이면 음식점마다 수북하게 배추를 쌓아둔다. 마을 사람들은 품앗이처럼 집집이 돌아가며 김장을 담근다. 한번은 나도 김장 담그는 것을 돕겠다고 팔을 걷어붙인 기억이 난다. 아마도 돕고 싶은 마음보다는 빙 둘러앉아 막 담은 김치에 돼지수육을 싸서 먹고 싶은 마음이 더 간절하지 않았나 싶다.

한때 산성에 닭이 모두 사라질 위기에 처한 적이 있었다. 소나 돼지보다 닭은 서민이 쉽게 구할 수 있고 단백질을 공급받을 수 있는 최고의 육류였다. 그러나 병자호란 때는 이마저도 구하기 어려웠다는 사실을 남한지를 통해 알 수 있다. 닭과 관련해서 남한지의 병자년 1636년 12월 24일 기록에 수라상을 받은 인조임금이 말하기를 '성에 들어왔을 적에는 그래도 새벽에 닭 우는 소리를 듣겠더니, 지금은 닭소리를 들으려야 들을 수 없다. 이는 나에게 올리느라고 그런 모양인데 이제부터는 그러지 말라'는 내용이 있다. 흔하디흔한 닭과 함께 사라진 것은 내일이 오지 않을 것 같은 나라의 운명을 암시하는 듯하다. 배고픔과 추위에 떨고 있는 성안의 처절한 모습이 기록을 통해 눈앞에 그려진다.

닭백숙이 어디서나 맛볼 수 있는 소박한 음식이라면, 산성에서 특화된 음식으로는 효종갱을 들 수 있다. 효종갱은 우리나라 최초의 배달음식인 해장국으로, 서울의 양반들이 숙취 해소와 보양을 위해 배달시켜 먹었던 음식이다. 사실 지금 맛보는 효종갱은 산성 상인들이 회원으로 2010년에 발족한 남한산성 음식문화연구회에서 음식문화발전을 도모하고자 옛 기록으로 남아 있던 해장국을 연구해서 복원시킨 것이다. 1925년 최영년의 해동죽지에 조선시대 경기도 광주 남한산성 사람들은 효종갱을 잘 끓인다고 기록되어 있다. 쇠갈비, 전복, 해삼, 배추속대, 콩나물, 송이버섯, 표고버섯 등에 토장을 풀어 종일토록 푹 고아 밤이 되면 국을 담은 항아리를 솜에 싸서 서울로 보내면, 새벽종이 울릴 때 양반집에 도착하게 되는데 온기가 그대로 있어 해장에 좋았다고 한다.

재료만 봐도 귀한 것들로 아무나 맛볼 수 있는 음식이 아니었을 것이다. 조선시대 광주부는 유수가 다스렸던 큰 도시였던 만큼

음식문화도 다른 지역에 비해 잘 발달하였을 것이다. 양반들이 일부러 찾아 먹었을 정도라면 조선시대에도 남한산성의 음식은 지금의 맛집처럼 유명했던 듯하다. 하기야 손맛이라는 게 하루아침에 맛있어질 리 없지 않은가?

요즘은 전국 맛집을 찾아다니며 여행하는 여행객들을 많이 볼 수 있다. 금강산도 식후경이라고 아무리 좋은 곳인들 배가 불러야 여행도 즐겁다. 산성에서는 두 곳에서 효종갱을 팔고 있는데 최초의 배달음식이라는 것 때문인지 관광객들이 찾아서 먹어보는 음식이다. 효종갱은 만드는 시간과 들어가는 음식재료가 많아 만드는 과정이 쉽지 않다. 그러나 모르긴 몰라도 찾는 사람이 많아 머지않아 다른 음식점에서도 만날 볼 수 있을 것이다.

이곳 촌노의 말을 들어보면 산성 사람들은 토장국을 잘 끓여 먹었다고 한다. 효종갱이 사대부들의 음식이라면, 토장국은 서민의 해장국으로 효종갱에 들어가는 고급재료를 빼고 끓인 음식 정도로 생각하면 된다. 토장국의 맛을 기억하는 사람들이 있을 때 예전 그대로의 토장국도 한번 맛보고 싶다.

숭렬전의 이서 장군은 누구인가?

영월정을 지나면 두 갈래 길로 나뉜다. 길 따라 곧게 이어진 계단 길은 수어장대로 가는 방향이고, 오른쪽으로 난 길을 따라 걸으면 숭렬전(崇烈殿)으로 가는 길이다. 탐방객의 목적지가 거의 정상으로 향한 탓인지 우측길에 눈길 한 번 주고는 숭렬전은 제대로 보지 못하고 이내 몸은 정상 가는 길로 향한다. 숭렬전을 가는 길로는 영락신학원 앞으로 난 길로 오르는 것이 정석이나, 이곳을 마음먹고 답사지로 잡았다면 모를까 산길에서 문 닫힌 건물만 덩그러니 보고는 실망하는 경우가 많다. 그나마 안내문에서 백제의 건국시조인 온조왕의 사당이라는 사실을 알게 된 사람들은 뭔가

대단한 것을 알아낸 것 마냥 즐거워한다.

이곳은 제사를 지내는 공간으로 안내문에는 다음과 같은 설명이 있다. "숭렬전은 백제의 시조 온조왕과 산성축성 당시 책임자였던 이서 장군의 영혼을 모신 사당이다. 인조 16년에 지었으며 정조 19년에 왕이 숭렬전이라 이름을 지어 내려주었다. 신분이 다른 왕과 신하를 함께 모신 것이 특이한데, 이는 병자호란 당시 인조의 꿈과 관련이 있다. 당시 인조의 꿈에 나타나 청병의 기습을 알려준 온조왕을 기리기 위해 사당을 세우자, 온조왕이 꿈에 다시 나타나 혼자는 외로우니 충직한 신하 한 명을 보내달라고 했는데 다음날 이서 장군이 병사한 것이다. 인조는 필시 온조왕이 이서를 데려갔다고 생각해 함께 사당에 모시게 했다. 이서는 평소 독서를 즐겨, 소장한 장서가 매우 많았으며 효성이 지극한 것으로도 유명하다. 영의정으로 추증되었고 시호는 충정공이다."

또 다른 안내문에는 "대부분 기록에 인조 대에 창건된 것으로 나와 있는데 정확한 연월은 알 수가 없다."는 내용도 볼 수 있다. 건물의 창건연대는 어느 것이 정확한지 모르겠지만, 이서는 어떤 인물이길래 건국시조와 함께 모셔져 있는지 의문이다.

이서는 인목대비 폐모론이 일어났을 때 무인으로서 유일하게 정청에 불참한 사람으로, 1623년 인조반정 때 김류, 이귀 등과 함께 군사를 일으켜 광해군을 내쫓고 인조를 세워 정국 1등공신으로 완풍부원군에 봉해졌다. 남한산성이 대대적으로 수축이 일어난 인조대인 1624년 축성 총책임자로 옛터를 따라 개축한 인물이다.

병자록에 이서에 대해 “남한산성에 있는 1만 6천여 섬의 식량은 이서가 모두 비축해놓았으며 소금, 장, 종이, 무명, 병기와 그 밖의 필요한 물품도 모두 이서가 갖추어놓은 것이다. 이서가 아니었다면 청의 침입으로 창졸간에 성으로 들어온 임금과 대신들 그리고 군사들이 어찌 견딜 수 있었겠는가. 이서는 계획과 지략이 다른 장수들과는 달랐다. 성안의 모든 사람뿐만 아니라 평소에는 그의 단점만 들춰내던 사람들까지도 나라를 위해 충성을 다했다고 칭찬하여 마지않았다.”라고 적고 있다.

남한산성에 유명한 매바위 설화에서도 이서를 만날 수 있다. 축성 총책임자였던 이서는 동남쪽은 이회 장군에게, 서북쪽은 벽암 각성대사에게 나누어 성을 쌓게 한다. 벽암대사가 맡은 성은 기안 내에 완성되었으나 이회 장군이 맡은 쪽은 기일 안에 공사를 마치지 못하였고 공사비까지 탕진하였다는 누명을 썼다. 이서는 맡은 부분을 완성하지 못한 이회를 수어장대 앞에서 참수형에 처하게 하였다. 이 내용으로 미뤄볼 때 이서의 인물됨이 타협과는 거리가 멀고 강직한 성품의 소유자임을 알 수 있다.

나는 2011년에 문화재 표준해설 및 안내를 위한 남한산성역사자료 가이드북을 만들 때 해설사로 참여하였는데, 그중 숭렬전에 관한 과제를 맡았다. 그런데 그 과정에서 이서의 인물됨, 성품을

•• **숭렬전** 백제의 시조 온조왕과 산성축성 당시 책임자였던 이서 장군의 영혼을 모신 사당이다.

조사하면서 지금까지와 다른 성품의 이서를 찾아볼 수 있었다.

1637년 1월 2일 이서의 죽음과 관련해서 "이서가 죽으니 장수와 군사가 슬퍼하지 않고 오히려 회복을 바랄 수 있다고 하였다. 서의 성품이 괴팍하고 아래 인정에 통치 못 하여 오랫동안 인심을 잃음이 이에 이르렀다."는 내용을 연려실기술(燃藜室記述)에서 볼 수가 있다.

반정과 관련해서도 이서에 대한 일화가 남아 있다. 거사일에 홍제원에서 집결하기로 약속하였는데 참여하기로 한 장단부사 이서의 군대가 거사일에 늦게 도착해서 '이서가 늦었다'는 뜻으로 연서라 부르게 되었고 인조의 별장 앞에 흐르던 하천을 연서천이라 불렀다고 한다.

축성책임을 물어 이회를 참수형에 처했던 이서와 거사라는 큰 일을 그르칠 뻔한 행동을 한 이서를 보면서 어떤 대상을 이해하기 위해서는 폭넓고 객관적으로 볼 수 있어야 사실에 가까이 갈 수 있다는 생각을 하게 됐다.

2014년 세계유산으로 지정되어 인류공영이 보존할 가치로 인정받은 남한산성만 보더라도, 그 이전에는 병자호란과 관련하여 패자의 역사 내지는 굴욕의 역사로 치부되고 다른 가치들은 역사 속에 파묻혀 있었다. 수천 년의 역사를 지닌 성곽의 가치, 군사도시로의 가치, 불리한 여건에서도 죽음으로 맞선 항전의 역사나 삼학사의 충절 등 어느 것 하나 제대로 평가받지 못했다. 한쪽으로

만 치우친 역사인식 때문에 가치에 대한 인식이 부족했다. 그래서 우리는 역사를 볼 때 균형 잡힌 자세로 객관적으로 보도록 노력해야 한다.

구설수에 오르락내리락

우리나라의 연못은 대개 네모진 형태의 방자형에 중앙에는 둥근 형태의 섬을 두었다. '하늘은 둥글고 땅은 네모지다'라는 천원지방사상을 따른 것으로, 가운데 둥근 섬이 하늘을 나타낸 것이라면 네모난 못이 땅을 나타낸다. 궁궐이나 행궁 건물의 둥근 기둥과 기둥을 받치고 있는 네모난 초석이나 엽전의 모양에서도 겉은 둥글고 가운데는 네모진 모양들이 이러한 사상을 자연스럽게 담고 있다. 이렇게 작은 것 하나에도 옛사람들의 사상이 담겨 있다. 지수당도 예외는 아니다.

한옥으로 번듯하게 지어진 남한산성 세계유산센터와 관리사무소 건물이 자리한 곳에서 동쪽으로 눈을 돌려보면 연못이 보인다. 바로 지수당으로 연못 안에는 커다란 잉어들이 많아 사람들의 발길을 잡아놓는다. 연못 한가운데 작은 섬에는 휘어진 향나무가 있어 운치를 자아낸다. 누군가 십여 년 전에 이곳에 아파트에서 기르던 토끼를 풀어놓았다. 산에 풀어놓으려니 집토끼라 마음이 걸렸나 보다. 한동안 토끼 구경하는 재미에 지수당을 찾아오곤 했다. 그런데 얼마 안 되어서 토끼가 섬에서 퇴출당하였다. 들리는 소리로는 누군가 신고했다고도 하고, 토끼가 엄청나게 불어나 구덩이를 여기저기 파놓아 골칫거리가 되어 내보냈다고도 한다. 이 일로 토끼의 번식력이 강하다는 것을 알게 되었다. 지금이야 이런 일이 가당키나 한 일인가!

봄이 되면 가끔가다 섬에서 자란 자연산 달래를 맛볼 수 있었다. 달래 씨앗이 날아왔는지 지수당 근처에서 달래를 캐다가 된장국을 끓여 먹은 기억이 있다. 향이 얼마나 진했던지 지금도 달래 향을 잊을 수가 없다. 봄이 되어 지수당을 지날 때면 버릇처럼 달래가 있지 않나 하고 찾게 된다.

지금은 지수당 건물만 남아 있고 연못 섬에는 몇 그루의 향나무만이 지키고 있지만, 연못을 처음 건립할 당시에는 관어정이라는 정자가 있어서 사대부들이 연못에 배를 띄워 지수당과 관어정을 오가며 한가롭게 시간을 보냈던 곳이다.

섬 안에 있던 관어정(觀魚亭)에 관련해서 김재찬의 기문이 남아

· · **지수당** 땅속에 저장된 물로 산천초목이 잘 자라나듯 평화로울 때 충분히 군사를 길러 언제 들이닥칠지 모를 일에 대비해야 한다는 경계의 의미를 지닌다.

있는데 "못이 네 개 있는데 당은 네 못의 가운데 있으며 이름은 지수당이다. 당의 서쪽에 첫 번째 못이 있고 안에 조그만 섬이 있는데, 섬 둘레에 단풍나무와 버드나무를 심고 잡다한 꽃들이 우거져 임택(林澤)의 의경(意境)이 있다. 섬 위로 나아가 정자 하나를 세웠는데 위는 띠로 덮고 아래에는 난간을 설치하였으며 여섯 개의 기둥이 한 칸씩 되도록 하였다. 지수당과 마주하고 있어 조그만 배를 놓아두어 왕래할 수 있도록 하였다. 편액을 관어정이라 하였는데, 대개 무후 제갈량이 못에 임하여 물고기를 관상(觀賞)하던 뜻을 취한 것이다. 아, 못에 임하여 대책을 결정하고 물고기를 관상하면서 적을 헤아려 위(魏)의 십만 군대를 물리쳤으니, 그의 관상은 진실로 법술(法述)이 있었다 하겠으며, 정자의 이름으로 취한 것은 정말 물고기를 보려는 데 있는 것이 아니다. 나중에 정자에 올라 이 이름을 보는 사람들은 경계할 줄 몰라서야 하겠는가?" 라고 밝히고 있다.

'관어'는 정자에 올라 한가하게 물고기를 보고 즐기는 데 그치는 것이 아니라 나라를 견고히 하는데 게을리해서는 안 된다는 뜻을 담고 있다. 병자호란이 끝난 후 관리들은 이곳에서 나라의 일을 걱정하고 청의 눈을 피해 부실한 성벽을 고치자는 의논도 했을 것이다.

지수당과 관련해서는 남학명이 지은 지수당기에는 "지수당이라는 이름을 얻은 것은 처음 당을 세울 때였으니, 대개 주역대전의 백성을 포용하고 대중을 기른다는 뜻을 딴 것이었다."는 기록이 보인다. 지수당이라는 이름은 '군자는 백성을 잘 담아서 무리가 잘살도록 길러 나간다(地中有水師 君子以 容民畜衆)'라는 말에서 따온 말로, 땅속의 물(지수)은 군사무리를 가리키는 것으로 땅속에 저장된 물로 산천초목이 잘 자라나듯 평화로울 때 충분히 군사를 길러 언제 들이닥칠지 모를 일에 대비해야 한다는 경계의 의미를 지닌다.

유독 많은 건물 가운데 지수당은 입방아에 자주 오른다. 현판을 본 답사객들은 지수당의 한자표기가 바르지 않다는 지적이다. 지수당(地水堂)의 '지(地)'자가 물수변을 한 못 '지(池)'자로 표기되어야 한다는 것이다. 연못이니 당연한 말이지만, 가슴 아픈 기억은 시간이 지날수록 더욱 선명하게 다가온다. 그래서 산성 대부분의 편액이 반성과 다짐, 경계의 뜻을 담고 있다. 지수당의 '지'의 한자표기가 못 '지(池)'자가 아닌 흙토변을 한 땅 '지(地)'인 이유이다.

이 공간에서 선비들은 어떻게 즐겼을까? 관어정이나 지수당이라는 이름은 한가로이 고관들이 낚시하며 휴식을 즐겼던 장소의 이름으로는 어울리지 않지만 마음 편히 쉬기에는 참 좋은 공간이다. 편안한 장소는 늘 시간이 느리게 간다. 빠르게 시간이 흐르는 곳은 바쁜 일상이다. 그러나 지수당의 시간은 빠르지도 느리지도 않다. 병자호란을 겪은 공간은 그대로 시간이 멈췄다. 멈춰진 시간으로 인해 공간은 자유로울 수 없다.

나는 지수당을 마주하면 쓸쓸해진다. 여전히 허리끈을 풀지 못하는 긴장감을 시간의 흐름과 상관없이 지수당(地水堂)에서 만나기 때문이다.

2장

마을 속에 숨은 이야기

할아버지 느티나무 가셨다

남한산 초등학교와 좁다란 길을 사이에 두고 야트막한 언덕에 연무관이 위치하고 있다. 연무관에 오르기 전에 커다란 느티나무 두 그루가 눈에 들어온다. 안내판에는 이 나무가 보호수로 지정되어 있다는 것과 수령이 510년이는 설명이 있다. 학교의 아이들은 '할아버지 느티나무', '할머니 느티나무'라고 부르는데, 언제부터 이렇게 불렀는지는 알 수 없다. 아이들의 선배도 그렇게 불렀고 후배도 따라서 그렇게 불렀다. 나무가 있는 곳이 초등학교 후문하고 가까워서인지 학생들이 어울려 노는 모습을 자주 보았다. 유치원생 때는 나무를 타지 못해 나무 둥치 아래나 지상으로 뻗은 굵은 뿌리 근처에서만 빙빙 돌며 놀더니, 좀 더 커서는 나무에 매달리며 오르락내리락하는 모습이 영락없이 다람쥐를 닮았다. 딸아이 말로는 친구들 몇 명과 나무 아래에 타임캡슐을 묻어놓았다며 후일에 만나서 꺼내보기로 했단다. 서로가 각자의 길을 찾아 떠날 것을 알고 있는 아이들이 다시 찾아올 장소로 할아버지, 할머니 나무를 선택한다. 변함없이 자신들을 맞아줄 것이라는 믿음이 있기 때문이다.

아이들이 이 나무를 얼마나 특별하게 생각하는지 남한산 초등학교 학생이 쓴 글을 통해 알 수 있다. 2010년에 곤파스 태풍으로 할아버지 느티나무 가지가 부러지고 난 후 한 아이가 할아버지 나무에 대해 쓴 글을 소개한다. 제목은 '느티나무 할아버지 가셨다'이다.

2000년 잘 버텨오셨고,
2001년도 잘 참아오셨고,
2002년 잘 버텨오셨고,
2003년 태풍 매미가 와도 지장이 없으셨고,
2004년도 건강하셨고, 2005년도 잘 버티셨고,
2006년도 잘 버티셨고,
2008년도 잘 버티셨고,
2009년도 열심히 버티셨고,

2010년 마침내 가셨다.

내가 황쌤한테 혼나서 할아버지한테 열심히 하겠다고 말했는데,

2010년 9월달 가셨다.

이 글은 강마을 학급문집에 실려 있다. 선생님에게 혼나서 찾아간 곳은 할아버지 느티나무였다. 아이는 속상한 마음을 할아버지 나무에게 이야기하고 스스로 다짐도 했다. 나무는 그 자리 있는 것만으로도 위로가 되었다. 태풍으로 굵은 가지가 부러졌다는 사실에 아이는 나이도 많은데 크게 다쳤으니 이제 죽었다고 생각한 듯하다. 때 묻지 않은 순수함이 느껴진다. 순수한 어린아이 눈에 비친 나무는 심하게 다친 할아버지이다. 존재만으로 인정받고 사랑받는 나무임을 이 글을 통해 알 수 있다.

이곳을 지나칠 때마다 나도 습관처럼 "할머니, 할아버지, 저 왔어요."라고 인사한다. 존재 자체로 의지가 되고 빛이 나는 나무, 나도 이런 느티나무이고 싶다.

고지도나 옛 기록을 보다 보면 시대에 따라 공간의 변화는 따라오기 마련이다. 연무관이 있는 자리에도 주변의 많은 건물이 생겼다가 사라지기를 반복했다. 그 오랜 시간 속에 변하지 않은 것은 남아 있는 나무들이다. 이미 이 사실을 아이들은 알고 있는 것 같다. 산성의 가치가 오직 문화재에만 있지 않다는 것을 남한산을

보며 깨닫는다.

할아버지, 할머니 나무가 있는 곳에 연무관(演武館)이 모습을 드러낸다. 연무관은 군사들이 무술을 연마하고 왕의 행차 시 사열하는 공간으로, 성곽을 축성할 때 건립되었다. 명칭이 연무당, 연병관, 수어영으로 여러 차례 바뀌어 사용되었다.

건물 안의 대들보에는 용과 봉황이 그려져 있다. 이곳을 찾은 학생들에게 용을 봤느냐고 물어보면 개중에는 봤다는 아이도 있지만, 대부분은 못 봤다고 대답한다. 연무관은 용이 사는 집이라는 설명이 떨어지자마자 어린아이들은 눈빛을 반짝이며 용을 찾는다. 그런 아이들의 천진한 모습이 예쁜 나머지 나는 한 번 더 같은 상황을 연출한다. 이번에는 용의 발가락이 몇 개냐고 물어보면 십중팔구 다시 냅다 뛰기 시작한다. 그러고는 누가 들으면 안 되기라도 하는 양 내 귀에 바짝 대고 말한다. 그런 이유로 4분의 1 정도는 다시 뛰어야 한다. 발가락 수를 못 맞췄기 때문이다. 이렇게 힘이 들더라도 몸으로 익힌 연무관은 아이들에게 쉽게 잊히지 않을 것이다.

이곳은 과거시험도 치렀던 장소로 남한지에 "정조가 연무관에 행차한 기록을 옮기면 8일, 왕이 연병관에 행차하여 여주, 이천, 광주 세 고을의 문사와 무사 및 수어청의 수가 장사들을 시취하였는데, 등제를 내리고 상을 베푸는 데에 차등이 있었다."라는 내용과 "정조가 연병관에 행차하여 매복법을 구경하였다. 시위한 문무관들이 모두 장관이라고 칭찬하였다. 왕이 탄식하기를, '병자년 이전에 만약 이 법을 알았더라면 어찌 병자년의 난과 같은 일이 있었겠는가.' 하였다."라는 내용이 있다. 정조가 1779년 8월에 남한산성에 머물면서 연병관에서 8일에 문무 과거시험을 실시하였고, 이날 밤에 홍이포의 일종인 매화포의 시범을 구경한 내용이다.

연무관은 낡고 부서진 것을 숙종, 영조, 고종대에 3차례 고쳐 지었다. 이곳은 대규모 군사훈련을 통해 병자호란의 치욕을 반성하고 극복하는 교육의 장소로 의미가 깊다. 유네스코 세계유산등재를 신청할 때 성곽을 포함하여 관아시설, 제사시설, 군영시설 등 필요한 요소들이 완전하게 이루어져 있는지가 평가에 포함되는데, 군영시설로서 연무관과 수어장대가 아직까지 남아 있다는 것이 의미가 크다.

연무는 무예를 펼쳐 보인다는 뜻으로, 과거에는 연무관 맞은편인 순교성지 성당 부근에 과녁이 있었다. 이곳은 무인들이 활쏘기 연습을 하던 곳이었다. 천주교 남한산성 성지개발위원회 자료를 보면 천주교 박해 때 신자들을 무술 연마의 대상 삼았다는 끔찍한 기록이 있다. 신자들을 대상으로 목검으로 찌르고 때리는 등의 연습을 했다고 전한다. 또 '백지사'라는 끔찍한 처형이 있었던 곳이기도 하다. 백지사는 얼굴을 하늘로 향하게 한 뒤에 물을 얼굴에 뿌리고 그 위에 백지를 한 장씩 붙여 점차 숨이 막히게 하여 죽이

·· **연무관** 할아버지 느티나무 사이로 멀리 연무관이 보인다.

·· **할아버지 느티나무** 수령이 510년인 보호수다.

는 방법으로 '도모지 사형'이라고도 한다. 도모지는 얼굴에 종이를 바른다는 뜻으로, 앞이 보이지 않고 숨도 쉴 수 없게 되어 '어떻게 해볼 방법이 없게 되는' 무서운 형벌이다. 그래서 우리가 사용하는 '도무지'라는 말이 도모지 형벌에서 유래됐다는 설이 있다. 이런 연유로 연무관은 천주교인들의 순교지가 되어 많은 천주교 신자들의 발걸음이 이어지고 있다.

소원을 들어주는 매바위

산성 답사에서 꼭 가봐야 하는 곳은 본성에서 가장 높은 정상에 있는 수어장대(守禦將臺)다. 산성리 마을의 로터리에서 1.2km 정도 걷다 보면 정상인 청량봉에 오를 수 있는데, 수어장대 동남쪽 가장자리의 큰 바위가 눈에 들어온다. 낮은 담장과 담장 사이에 있는 이 바위에 다가가 보면 사각으로 파낸 곳에 수어서대(守禦西臺)라고 음각을 해놓은 것을 확인할 수 있다. 이 바위는 매바위라 불리며 바로 옆 안내문에는 이렇게 설명되어 있다.

남한산성의 축조를 맡았던 이회가 완벽한 시공과 지세의

험악으로 기일 내에 완공하지 못하여 참수형에 처하게 되었다. 그런데 절명하는 순간 매 한 마리가 하늘에서 내려와 이 바위에 앉아 이회를 응시하다 갑자기 없어졌다. 사람들이 매가 있었던 곳에 가보니 돌에 매 발자국이 남아 있었다 한다. 현재는 손실되어 흔적만 남아 있다.

당시 남한산성 축성의 총책임을 맡은 사람은 이서이다. 총책임자인 이서는 이회와 벽암대사에게 각각 동남성과 서북성을 쌓도록 구역과 기한을 정해주었다. 이때 벽암은 기한 내에 정해진 구역의 축성을 마쳤는데, 이회가 맡았던 동남쪽 성곽은 다 쌓지 못하였을 뿐 아니라 성 쌓는 공금을 남용하고 주색을 즐겼다는 참소가 있어서 군령으로 목을 베었다. 이회는 현장에서 처형되기 전에 말하기를 '내가 죽는 순간에 매가 날아올 것이니, 만약 매가 날아오면 나의 죄 없음이 판명될 것이다' 하고는 처형당하였다. 그 순간 이회의 유언대로 매 한 마리가 날아와서 이 바위에 앉아 지켜보다가 사라졌다고 한다.

이후 이회의 억울한 누명이 밝혀져 수어장대 아래 청량당(淸凉堂)을 세워 영혼을 위로하였다. 현재에도 청량당에서 매년 음력 1월 2일이면 무속인들이 억울한 죽음을 위로하는 제사를 지내고 있다. 해마다 열리는 남한산성문화제에는 남한산성 도당굿을 벌인다. 이때 무속인들은 그 전날 청량당에 금줄을 치고 문화제 날 이른 아침에 신을 받아 굿을 벌였다. 설화와 관련된 인물이 어느 때부터 무속신앙으로 신격화되었다.

이회는 실존인물이 아니지만, 함께 등장하는 이서와 벽암대사는 실존인물이기 때문에 이 이야기를 허구라고 단정 짓기 어렵다. 또, 어렸을 때 매 발자국을 일본인이 와서 떼가는 장면을 봤다는 연세 높은 어르신들의 증언이나 현재 남아 있는 직사각형의 홈에 비석이 세워져 있었다는 이야기가 이를 뒷받침한다. 어디까지가 허구이고 사실인지 구분하기는 어렵지만, 이 가운데 확실한 사실은 매바위는 주민이 복덕을 위해 치성을 드렸던 장소였다는 것과 무당들이 기도하는 기도처였다는 점이다.

산에는 기가 흐른다. 기가 센 산을 일부러 찾아 드나드는 사람들이 있다. 우리나라의 명산이라는 곳에는 대개 이런 기가 흐르는지, 기를 받거나 기도하러 깊은 산으로 들어갔다는 무속인들의 이야기를 들어본 적이 있을 것이다.

세계유산으로 지정되기 전까지 이 바위는 전국의 무속인들이 밤낮 없이 찾아와 막걸리를 붓고 촛불을 켜놓고 기도하던 장소였다. 지금이야 곳곳에 CCTV가 설치되어 기도행위를 할 수 없게 되었지만, 불과 십수 년 전까지만 해도 이런 모습을 쉽게 볼 수 있었다. 이곳뿐 아니라 수어장대에 들어서기 전 우측으로 향나무 한 그루를 볼 수 있는데, 수령은 400년이 넘은 것으로 알려졌다. 이 나무에도 무속인들이 기도하러 왔다가 잘못하여 불을 내기도 해

· · **청량당 앞 향나무** 예전에는 무속인들이 찾아와 촛불을 켜고 기도를 올렸다.

•• **매바위** 수어서대라고 음각되어 있다. 이회와 관련한 설화가 전해진다.

서 관리하는 데 어려움이 컸다는 이야기를 들은 적이 있다.

6~7년 전에 계룡산에서 왔다며 기도하러 전국을 돌아다닌다는 무리를 만난 적이 있다. 그들도 매바위를 찾아왔으니 매바위의 기가 세다는 것이 어느 정도 맞는 모양이다. 한번은 한의사 팀과 산행하다 매바위 앞에서 자연스럽게 기에 관해 이야기하게 되었다. 한의사들은 믿지 못하겠다는 듯 확인해보자 하더니 바위에 손을 대고 붙인 손가락을 잡아떼는, 그런 비슷한 행동을 몇 차례 하더니 다른 곳에 비해 기가 더 모여 있는 것 같다고 확인시켜주었다. 그 이후로 나는 이곳을 찾는 사람들에게 가끔 재미삼아 기 이야기를 해주곤 한다. 오래전부터 주민이 치성을 드렸던 공간으로 기가 센 곳이니 좋은 기를 받아가라는 뜻에서 말이다.

이 이야기와 관련해서 기억에 남는 일화가 있다. 그날 해설대상자는 고위공무원으로 고민이 있는 듯 보였다. 그래서 별로 와닿을 것 같지 않은 역사적 사실들을 늘어놓기보다는 매바위로 데려갔다. 그리고는 간절히 구하는 것이 있다면 이 바위에 기도하면 모든 일이 뜻대로 풀린다는 이야기를 해주었다. 설화를 통해서도 마음먹기에 따라 힘을 얻을 수 있다. 얼마 지나지 않아 그 공무원과 관련해서 좋은 소식을 들을 수 있었다. 그 일이 있고 나서 매바위에 가면 나도 절로 기도를 올리게 된다.

왜 붉은 단풍나무인가?

가을에 가장 붉게 물든 단풍을 볼 수 있는 곳을 꼽으라면 현절사 앞에 있는 단풍나무숲이다. 남한산성 세계유산센터에서 차도 맞은편으로 약 50m 정도 올라가면 현절사가 보이고, 그 앞쪽으로 단풍나무숲이 있다. 이곳의 단풍잎은 유난히 붉어 많은 수의 단풍잎이 일시에 물든 모습을 본 사람들은 아름다운 모습에 쉽게 빠져나가지 못하고 정신을 뺏긴다. 붉은 단풍잎이 융단처럼 쌓인 바닥을 보다 문득 나는 무슨 이유로 현절사 앞에 단풍나무를 심은 건지 궁금해졌다. 현절사는 삼학사 홍익한, 윤집, 오달제의 굳은 충절을 기리기 위해 세운 사우(祠宇)이다. 이들은 병자호란 때 청나라와 당당히 맞서 끝까지 싸울 것을 주장했다. 그러나 강화도가 함락되고 끝내 화의가 성립되자 청은 전쟁의 책임을 물어 척화를 주장했다는 이유로 이들을 심양으로 압송했다. 이들은 청의 협박에도 굴복하지 않고 항거하다가 끝끝내 비참한 죽음을 당한다. 이곳에는 후에 주전파의 거두 김상헌과 정온을 함께 모셔 다섯 분의 신위가 모셔져 있다. 사우는 국가의 인정을 받아 고을에 설치하는 사당으로, 선현의 영정이나 신주를 모셔두고 배향하는 장소이다. 이곳은 흥선대원군이 1871년에 전국의 서원 및 사우를 대대적으로 없애고 47개의 서원만 남겼을 때도 그대로 유지되었을 정도로 조선 선비의 정신을 대표하는 곳이다.

그런 장소에 매화나무도 아니고 대나무도 아닌 계절마다 색이 변한다고 해서 신하의 변심을 우려하여 잘 심지 않았다는 단풍나무를 심었으니 안타까운 마음이 든다. 나는 서운한 마음이 쉽게 가시질 않아 억울하게 죽임을 당한 삼학사의 마음이 붉게 피어난 것은 아닐까 생각해본다. 그렇지 않고서는 저리 핏빛으로 붉게 물들 수 없을 것이다.

국립중앙박물관에는 삼학사 오달제 선생의 묵매도(墨梅圖)가 소장되어 있다. 매화는 선비들이 좋아하는 꽃이다. '양화소록'(養花小錄)에는 매화에 대해 나무가 함부로 번성하지 않고 다른 꽃들이 피지 않는 추운 계절에 먼저 꽃을 피우기 때문에 고고하다고 기록되어 있다. 상촌 신흠은 '오동나무는 천 년을 지나도 그 곡조를 간직하고, 매화는 일생 추위 속에서 살아도 그 향기를 팔지 않는다.' 고 표현했다. 매화는 절개와 지조의 상징으로 선비들이 기리는 꽃이다. 그림 속 매화는 화폭의 중앙에 굵은 둥치가 있고 새로 난 가지는 거침없이 위를 향하고 있다. 화폭을 크게 사용하여 젊은 선비의 기운을 느낄 수 있고, 굵고 오래된 고목은 부드러운 묵선에서 편안하지만 나이 든 선비를 대하는 듯 위엄이 느껴진다. 쉽게 다가가기 어려운 고결한 선비의 정신과 위로 뻗은 가지는 젊은 선비의 높은 이상을 나타내는 듯하다. 어떠한 불의와도 타협하지 않는 선비의 지조와 충절을 느낄 수 있다. 활짝 핀 꽃과 쭉쭉 올라간 가지에 핀 꽃봉오리는 매화의 고고한 품격을 드러내고 있다. 29세의 나이로 높고 깨끗한 신념을 지킨 조선 선비의 모습을 그의 매화도에서 본다. 이곳에서 그의 매화도를 보지 못하는 아쉬움이 남는다.

현절사는 본당과 부속건물인 동재와 서재로 구성되어 있다. 사당을 출입할 때 사용하는 협문을 지나면 좌우에 부속건물 뒤로 또 하나의 협문이 보인다. 신위가 모셔진 사당을 출입하기 위한 협문이다. 평상시에는 협문이 모두 닫혀 있지만, 봄과 가을에 제사를 올리는 날에는 문을 활짝 열어 제향 모습을 볼 수 있게 했다. 본당에는 숙종대왕어제 현판이 걸려 있는데, 숙종이 직접 지은 시문이다. 숙종은 삼학사에 대한 회상과 오달제의 매화도에 대한 감회를 이렇게 적고 있다.

妙筆吾東豈有二 오묘한 필체가 우리 동방에 둘이 있으랴
觀圖仍忽感前事 그림을 보니 문득 옛일이 생각나는구나
辭君不暫心忘國 임금을 떠났어도 잠시도 나라를 잊지 않았으니
對虜何嘗口絶詈 오랑캐를 마주하고 꾸짖기를 그치지 않았네
節義昭昭三子同 그 빛나는 절의는 세 사람이 같으며
孝忠炳炳一身備 충효는 온전하게 한몸에 갖추어졌네
誰知嗣續終無傳 끝내 후손이 없을 줄 뉘 알았으리오
於此難諶福善理 선을 쌓으면 복을 받는다는 이치를 믿기 어렵네

오달제 선생은 심양에서 참형을 당하기 전에 두 편의 글을 지어 고향에 보냈다. 한 편은 자신을 기다리고 있을 노모를 생각하며 쓴 글이고, 한 편은 임신한 아내를 생각하며 지은 글이다. 다음은 아내에게 보낸 글이다.

금슬의 은정이 지중도 한데
서로 만나 두 해도 채 못되었네
이제는 천리길 이별이 되니
백년기약 헛되게 저버렸구려
땅이 멀어 편지도 못 전하겠고
장천이라 꿈도 또한, 더디답니다
나는 다시 살아갈 수 없는 몸이니

복중에 든 아이나 잘 나시구려

부부는 결혼한 지 2년도 채 못 되어 헤어지게 되었다. 당시 아내는 임신 중이고, 남편은 죽음을 앞두고 있었다. 당시에 이 글을 읽고 눈물 흘리지 않은 사람이 없었다고 전한다.

삼학사 중 52세로 가장 나이가 많았던 화포 홍익한은 심양에서 처형당하기 전에 글로 자신의 소신을 당당하게 밝혔다. 대동야승(大東野乘)에는 "대명 조선국에 갇혀 있는 신하 홍익한은 화친을 반대한 취지를 똑똑히 들어 진술할 수 있으나 말이 서로 통하지 않기 때문에 글로 써서 말한다. 대체로 세상에 있는 나라는 모두 다 형제로 될 수 있지만, 세상에 두 아버지를 모신 아들이란 없는 것이다. 조선은 원래부터 예의를 숭상해왔고 대간들은 올바른 말을 하는 것을 기풍으로 삼고 있다. (중략) 임금에게 충성하고 부모에게 효도하는 도리를 헤아려보면 전혀 아무짝에도 쓸모없이 되었다. 스스로 그 죄를 따져볼 때 죽어 마땅하니 만 번을 처단당한다고 하더라도 기꺼이 받을 것이다. 이밖에 더는 할 말이 없다. 오직 빨리 죽기만을 바랄 뿐이다."라는 기록이 있다.

이곳에서 충, 효, 절개, 신의를 생각해보고 도덕과 윤리에 바탕을 둔 선비정신을 살필 때 비로소 현절사를 말할 수 있지 않을까? 안내판 하나로는 그 뜻을 헤아리기가 어렵다. 관광손수건에 산성지도만 그려 넣을 것이 아니라 매화도를 넣은 상품이든, 작은 엽

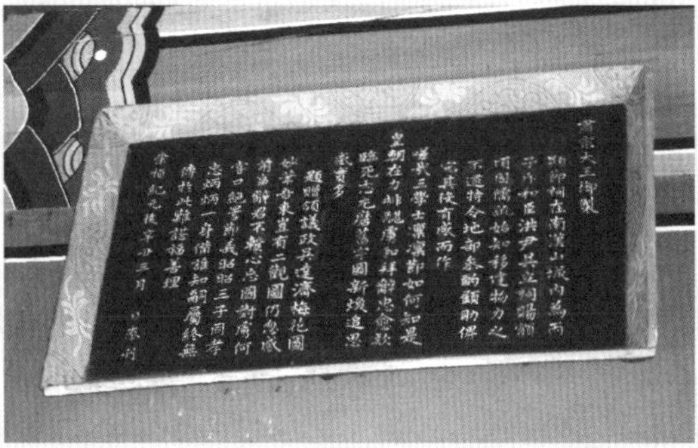

· · **숙종대왕어제**

· · **현절사**

· · **현절사** 홍익한, 윤집, 오달제의 삼학사와 김상헌, 정온의 신주가 모셔진 사당

서든, 삼학사의 그림과 글들을 만나고 싶다. 그런 후에라야 왜 이곳의 단풍이 유난히 붉은지 가슴으로나마 이해해보려 하지 않을까 싶다.

인조의 희망을 보다

남한산 초등학교가 리모델링을 하게 되어 전 학년이 산성 안에 흩어져서 수업을 받게 된 때가 있었다. 전 학년이라고 해봤자 한 학년에 한 반이다. 그중에 마을회관을 이용하는 학년도 있었는데, 우리 아이 학년은 침괘정(枕戈亭)에서 수업을 받았다. 경기도 지정 문화재이긴 하지만, 문화재 활용이라는 점에서 간혹 이곳에서 아카데미를 개최하기도 한다. 몇 해 전만 해도 광주문화원에서 개최하여 주말마다 풍류음악회를 열기도 했다.

처음에는 아이들도 어색해하고 어리둥절한 모양새였는데 얼마 지나지 않아 답사객들이 쳐다보든 말든, 사진을 찍든 말든 신경 쓰지 않고 수업을 받았던 모습이 기억난다. 이런 모습을 나와 함께 지켜본 것이 침괘정 앞 느티나무이다.

산성에서는 수령이 400년 이상 된 느티나무를 쉽게 볼 수 있는데, 적송과 함께 오래된 나무로 느티나무를 손꼽을 수 있다. 잎이 무성해서 여름철에 이 나무 아래 있으면 시원하다. 굵은 허리는 근엄하고, 신령스런 기가 흐르는 것 같다. 노거수에는 군더더기 없이 정제한 아름다움이 있다.

느티나무들은 수백 년을 산성의 역사와 함께했다. 그 가운데 병자호란 당시 인조에게 희망이 되었던 까치가 앉은 나무가 있다. 보통 느티나무들이 행궁 옆에 있어 행궁 옆 어느 느티나무로 알려졌다.

남한지에는 다음과 같은 기록이 있다. "청태종이 대군을 이끌고 왔다. 이날 바람이 크게 불고 날씨가 몹시 추웠다. 광진(광나루)과 삼전도, 헌능 세 길에 적병이 꼭 차서 마침 큰 눈이 왔건만 들판에 한 조각 흰빛을 찾아볼 수 없었다. 우리 군사들은 산 위에서 바라보고 다시 싸울 뜻이 없었는데, 행궁 남쪽 나무 위에 까치가 날아와 둥지를 틀어서 사람들은 이것이 길조라 이르고, 성중에서 믿는 것이라고는 이것 하나뿐이었다. 왕의 이부자리를 가져오다가 노상에서 모두 빼앗기고, 의창군이 산양의 가죽으로 만든 이불 한 채를 드렸는데 지난번 눈비 내리고 춥던 날 쪼개어 성을 지키는 장사들에게 나누어주었기 때문에 왕은 이날 밤부터 옷을 끄르지 못한 채 잠자리에 들었다."

1636년 12월 30일의 기록이다. 전승문(북문)에서 우리 측 군사 300여 명이 전사한 법화골전투가 있고 난 이틀 뒤이다. 이 전투의 실패로 사기가 크게 떨어져 강화도가 함락되고 산성전투에서 실패하는 원인이 되었다. 이런 상황이라 성안의 분위기는 침통하고 사기저하되어 기댈 곳이 없었다는 것을 짐작할 수 있다. 이때 유일한 희망이 된 것이 까치다. 그때의 까치는 없지만, 까치가 앉았던 나무는 행궁에 있는 나무 가운데 하나였을 것이다. 이 느티나무는 추위에 떨고 있는 군사와 옷을 입은 채 잠든 조선 왕의 모습을 다 지켜보았다. 1907년 군대해산령(軍隊解散令)으로 행궁이 훼손되는 모습도 그 자리에서 지켜봤을 것이다.

나는 마을의 사진이 잘 남아 있는 광주읍내와 행궁의 모습이 담긴 20세기 초 사진에서 제일 먼저 느티나무를 찾았다. 사진 속 느티나무를 확인하는 순간 '아! 까치가 앉아 희망이 되었던 느티나무인가 보다' 하고 직감했다. 다만 달라진 것이 있다면 불탄 부분을 치료한 모습으로 행궁 옆에 남아 있다. 어느 해인가 나무에 불이 붙어 속이 다 타버렸는데도 죽지 않고 살아남았다고 하니 그 옛날 국난을 극복한 정신이 깃든 곳의 나무답다는 생각이 든다.

행궁 옆 느티나무 말고 인조에게 희망이 되었던 또 다른 이야기가 있다. 지수당 연못가에는 반파된 비석과 이후 다시 만들어 온전한 비석, 두 비석이 나란히 세워져 있다. 이 비석은 서흔남

·· **서흔남(徐欣南)의 묘비** 지수당 연못가에 있는 비석 두개로 반파된 비석과 이후 다시 만들어 온전한 비석이 나란히 세워졌다.

(徐欣南)의 묘비이다. 서흔남과 관련해서 내려오는 설화가 있다. 한국토지공사에서 발간된 내용을 그대로 옮기면 "서흔남은 사노 출신으로 지붕에 기와를 얹거나 대장장이 일도 하며 또 무당질도 하는 등 행동이 자유분방하고 속임수가 많은 사람이었다. 병자난 때 산성이 포위되어 안팎의 소식이 끊겼는데, 성 밖으로 소식을 전할 사람을 구하여도 아무도 자원하지 않았다. 이때 서흔남이 자원하여 납서를 가지고 성 밖으로 나갔는데, 그 유지를 차례대로 표를 하고 종이로 끈을 꼬아서 옷과 바지를 얽어매고, 봉두에 누덕누덕 기운 옷을 입고, 깨어진 쪽박을 들고 성을 넘어갔다. 적진에 이르러서는 병든 사람처럼 엉금엉금 기어서 다니며 비럭질을 했는데, 한 곳에 이르니 어떤 사람이 일산을 받치고 철판 위에 앉아 있는데 밑에는 숯불을 피워서 따뜻하게 해주고 있었다. 아마도 그가 청태종이었을 것이다. 그가 비럭질하는 거지인 줄 알고 먹을 것을 던져주니 서흔남은 일부러 손을 쓰지 않고 입으로 먹었으며, 그 자리에서 똥을 누니 의심하지 않았다. 그리고 무릎으로 기어서 적진을 벗어나자 살같이 달려가 임금의 유지를 삼남지방과 강원도에 전하도록 하였으며 성으로 돌아올 때에도 그와 같이 하였다. 그는 적군이 성 밖에서 삼전도로 옮길 때까지 여러 차례 성 밖을 왕래하며 명령을 전하였고, 적진에 들어가 적정을 탐지하였다. 전쟁이 끝나고 조정에서는 그 공을 높이 사 통정대부의 품계를 주었다."라고 그의 공적을 적고 있다.

당시 산성은 청나라 군사로 완전히 포위되어 누구 하나 나서서 연락병을 하려 하지 않았다. 왕의 칙서는 절대 꺼뜨려서는 안 되는 작은 불씨를 나르는 일이다. 이때의 불씨는 희망이다. 아무도 나서지 못하는 것은 두려움 때문이었을 것이다. 불씨를 꺼뜨릴 수 있다는 실패에서 오는 두려움과 성 밖의 수많은 적으로부터 느끼는 죽음이라는 두려움이다. 이 모든 두려움과 맞선 이가 서흔남이었다. 그는 인조에게 희망이 되었다.

고립무원 외로운 성에 나타난 까치와 서흔남은 인조에게 닥친 상황을 반전시킬 유일한 돌파구였을 것이다. 이런 상황이 참으로 눈물겹다.

서흔남에 대해서는 또 다른 이야기가 전해진다. 병자호란이 일어나 인조가 남한산성으로 입성할 때의 일이다. 한겨울 눈이 쌓인 산길을 신하들이 번갈아 업혀가며 들어올 때 마침 근처의 나무꾼이 이 모습을 보고는 인조를 업고 성안으로 들어왔다.

인조를 업을 당시 나무꾼은 나막신의 앞뒤를 바꿔 신고 있었다. 그 연유를 물으니 일자무식인 나무꾼이 대답하길 '행색을 보아하니 피난민 같은데 눈길 위에 난 발자국을 보고 누군가 쫓아올까 염려되어 눈 위에 내려간 발자국만 있고 올라간 발자국이 없게 하기 위해 나막신을 돌려 신었다.'고 대답했다. 인조가 이를 가상히 여겨 소원이 무엇이냐 물으니 나무꾼이 왕이 입고 있는 곤룡포를 원해 후에 곤룡포를 하사하였다고 한다. 그 나무꾼이 바로 서흔남이다. 그 뒤 서흔남이 죽을 때 유언하기를 곤룡포를 관 속에 넣어 함께 묻어달라 하였다고 전한다.

이 이야기의 주인공인 서흔남의 묘비가 지수당 앞으로 옮겨지게 된 사연이 있다. 전 광주문화원장이며 당시 해설사로 활동하던 박용재 선생이 광주문화원 마당에 있는 비석이 남한산성 관련 비석임을 확인하고 광주 전 박종진 시장과 함께 1998년 봄에 현재의 자리에 비석을 옮겼다. 2009년 4월에 서흔남 묘비 안내판을 교체 설치할 때 안내문 글에 묘비가 있었던 자리를 광주시 중부면 검복리 병풍산에서 성남시 창곡동 병풍산으로 설명해놓았다.

당시 전 문화원장과 나는 서씨일가 집성촌인 산성리 아래 검복리로 가서 마을 어른들로부터 서흔남의 묘와 묘비에 대해서 검복리에 예전부터 서씨 집안이 살았으며 현재 음식점 병풍산장 뒷산인 병풍산 중턱 너머에 산소가 있었으며 지금도 그 자리가 있다는 이야기를 들었다. 정확한 날짜는 기억이 안 나지만 집안에서 화장했다는 내용을 확인해서 관련 담당자에게 내용을 전달했다. 후에 안내문에서 이 부분이 수정되었다.

·· **행궁 옆 느티나무** 병자호란 당시 까치가 날아와 이 나무에 둥지를 틀었다. 사람들이 이를 보고 길조라 하여 기뻐했다고 한다.

임금이 지나간 학교 교문 이야기

자녀를 둔 학부모나 예비 학부모에게 남한산성만큼이나 유명한 곳이 있다. 바로 남한산 초등학교이다. 교육에 관심이 많은 학보모들은 관광은 부차 문제이고, 어떻게 하면 이 학교에 입학할 수 있는지 무척 관심이 높다. 몇 년 전 MBC피디수첩에서 이 학교가 방송을 타면서 더욱 많이 알려졌다. 이런 이유로 근처에 방 구하기가 어려웠던 시기도 있었다. 자연과 더불어 뛰놀며 아이의 행복을 우선으로 생각하는 학교에 보내고 싶은 마음들이 이곳으로 오게 했을 것이다.

종로 로터리에서 보면 산성마트가 있고 광주 방향으로 조금만 내려가면 작고 아담한 학교를 만날 수 있다. 남한산 초등학교는 공립광주 보통학교로, 1912년 5월 1일에 개교해서 2012년에 100회 졸업생을 배출한 오랜 역사와 전통을 지닌 학교이다. 한국전쟁 때 폭격을 당해 학교 건물이 불에 타기도 했고, 독립운동가이며 정치가였던 해공 신익희 선생이 어릴 적 다녔던 학교이다. 학교와 중앙주차장에서 신익희 선생의 동상을 볼 수 있는 이유이다. 한때 산성의 젊은 사람들이 하나둘 도시로 떠나고 자연스럽게 아이들이 줄면서 학교의 존립마저 위태로운 시기가 있었다. 그러한 과거를 기억하려는 듯 90년대 동문회에서 세운 80주년 기념비에는 '분교 격하 통폐합 위기를 맞아 (중략) 훗날 폐교가 되더라도 어렸을 적 뛰놀며 학문과 인격을 갈고닦던 모교를 기리고 동문의 얼을 간직하고자'라는 내용이 있다.

그 당시에 비문을 새겼을 동문은 어떤 심정이었을까?

폐교 위기에 처한 학교를 살리기 위해 교사와 지역주민, 학부모들이 마음을 모아 노력한 결과 지금은 작은 학교를 넘어 80분 단위 블록수업과 30분 휴식시간을 도입한 혁신학교, 열린학교가 되었다. 이 학교를 벤치마킹하기 위해 전국에서뿐만 아니라 외국에서도 교육계의 발길이 이어지고 있다.

학교 정문에는 오래된 화강편마암으로 된 커다란 장주초석 두 기가 학생들을 맞는다. 현재는 새것으로 교체되었는데, 교체되기 전에 정문으로 사용되었던 두 기는 남한행궁 정문인 한남루(漢南樓)

의 초석이라 행궁의 정문이 복원되면서 원래의 자리로 보내지게 되었다. 한남루는 정조 때인 1798년에 건립이 되었는데, 학교에 있던 장주초석은 건립 당시 사용된 석재이다. 그나마 초등학교의 정문 역할을 하고 있었기에 다시 제자리로 돌아갈 수가 있었다.

지금 보는 한남루 정면의 문초석 4기는 건립 당시 사용된 석재들로, 두 번째와 세 번째 초석이 남한산 초교의 교문으로 사용되었던 것이다. 뒷면을 자세히 살펴보면 학교이름을 새겨넣은 현판을 걸었던 흔적이 남아 있다.

학교 정문에는 이러한 내력을 알려주는 안내문이다.

> 남한산 초등학교 정문은 남한산성행궁이 방치되어 있었을 때 한남루에 사용되었던 장초석을 사용하였으나 100년 동문의 뜻을 모아 2010년 행궁 중건 시 원래의 위치로 환원하였고, 그 모양 그대로 다시 제작하여 지금의 정문으로 사용하고 있다.
>
> 2011년 10월 남한산 초등학교 동문일동

학교 아이들이 사용했던 교문이 200년 전 정조임금이 행궁에 행차할 때 이용했던 정문이었다니 정말 놀라운 사실이다. 2010년 이전만 해도, 학교 교정에는 세월이 묻어나는 돌들이 많이 있어 이러한 사실을 알렸었다. 그 뒤 학교를 방문해보니 오래돼 보였던

• • **남한산 초등학교** 한때 폐교 위기까지 갔으나 현재는 혁신학교, 열린학교로 주목받고 있다.

돌들은 더는 보이지 않았다. 대신 현대식 벤치가 그 자리를 대신하고 있다. 직접 관계자에게 확인해보지는 않았지만, 아마도 행궁으로 옮겨지지 않았을까 싶다.

유네스코 세계문화유산 평가기준에는 '탁월한 보편적 가치를 지니고 있어야' 되고, '진정성과 완전성'이 갖추어야 한다는 기준이 있다. 우리는 한남루 건립 당시 사용되었던 문초석이 원래 가치를 보유하고 있다는 점에서 진정성을 보여줄 수 있었다.

남한산성 역사관을 기억하며

산성 답사에서 가장 아쉬운 점이 있다면 역사를 한눈에 이해하고 볼 수 있는 박물관이나 전시관 같은 공간이 없다는 것이다. 안내지도만 가지고는 어디로 가야 할지, 무엇을 볼 건지 살피기에 불편하다. 불과 몇 년 전까지만 해도 역사관이 있어서 답사객들이 제일 먼저 찾는 코스 중의 한 곳이었다. 역사관 안에는 남한산성을 축소해서 만들어놓은 입체 모형이 있어서 처음에 들르지 못했다면 마지막 코스로 이곳을 방문해서 답사한 곳을 다시 되짚어보고 역사를 이해하기에 효과적이었다. 그 역할을 해주었던 자리가 지금의 관리사무소 옆에 있는 건물이다. 이제는 남한산성 종합상황실이란 이름을 걸고 산성 안의 문화재들을 24시간 모니터하는 공간으로 사용되고 있다.

역사관은 전두환 전 대통령이 1981년에 산성을 방문하고 난 뒤 대통령의 지시로 지어졌다. 당시 건물의 명칭은 병자호란기록화 전시관으로, 1983년 6월 24일에 개관했다. 명칭에서 알 수 있듯이 이곳에서는 병자호란 당시의 상황을 8개의 그림으로 전시했다. 현재는 '남한산성에서의 항전'이라는 내용을 담은 김태 작가의 그림만이 남아 있다. 역사관으로 새롭게 바뀔 때에도 이 그림만은 역사관의 한쪽 벽면에 걸려 있었으나 지금은 남한산성 세계유산센터 지하의 온지당에서 볼 수 있다. 간혹 이 전시화를 보러 부러 찾는 방문객들이 있는데 나머지 전시화의 행방을 물어오고는 한다. 그것까지는 알 수 없다는 대답에 힘이 빠지는 모습을 목격하기도 했다. 기록화전시관이 역사관으로 바뀐 배경으로는 청군에 잡혀가는 척화파 신하들 모습, 삼전도에서의 굴욕적인 항복 모습, 청군에게 압송되어 가는 척화 주장자의 모습이 패배의 역사로만 인식되어 우리 사관으로 해석된 남한산성 역사관이 필요했기 때문이다. 이러한 과정에서 차츰 남한산성의 역사를 바라보는 눈이 달라지고 마침내 세계유산으로 거듭날 수 있었다. 그럼에도 지나간 옛 기록화 전시관을 떠올리는 것은, 이제는 이러한 그림이 있어도 남한산성의 역사적 가치를 패배의 역사로 단정 짓지 않는다는 것을 알기 때문이다. 또 가슴 아픈 역사를 제대로 알고 반성하자는 이유에서이다.

당시 전시화 가운데 '삼전도에서의 굴욕적인 항복'이라는 제목의 박광진 화가의 그림은 '1637년 1월 30일 인조는 부득이 남한산성에서 내려와 삼전도에 마련된 수항단에서 청태종에게 항복을 하였다.'는 내용으로 전시되었다.

그림을 보면 9개의 높은 계단 위에 노란색 황산 아래로 청태종이 앉아 있고 서쪽으로 청나라 왕자가 앉아 있다. 계단 아래 인조 임금이 푸른색 옷을 입고 머리를 조아리고 있다. 그 뒤 푸른색 옷을 입고 서 있는 다른 한 사람은 소현세자인 듯하다. 양옆으로 무기와 갑옷을 입은 군사들이 보인다. 서해문집에서 발행한 산성일기에는 '30일에 햇빛이 없었다. 임금이 세자와 함께 청의를 입으시고 서문으로 따라나가실 때, 성에 가득 찬 사람들이 통곡하여 보내니 성 안의 곡소리가 하늘에 사무쳤다. 한은 삼밭 남녘에 구층으로 단을 만든 후 단 위에 장막을 두르고 황양산을 받쳤다. 단 위에는 용문석을 깔고 용문석 위에 수놓은 비단으로 만든 교룡요를 폈다. 그 위에는 누런 비단 차일을 높이 치고 뜰에 황양산 셋을 세웠다. 정병 수만 명은 키가 크고 건장하기가 거의 비슷한 사람으로 가려 뽑아 각각 수놓은 비단옷과 갑옷을 다섯 벌 껴입고 있었다.'는 내용을 볼 수 있다.

인조는 항복의 뜻으로 세 번 절하고 절할 때마다 세 번씩 이마를 땅에 대었다. 이러한 인사법은 청나라의 신하가 황제에게 하

·· **삼전도에서의 굴욕적인 항복** 화가 박광진, 광주시 사진 제공

• • **심양에서의 인신매매** 화가 김형구, 광주시 사진 제공

는 예법으로 조선이 청나라의 신하가 되었다는 의미이다. 실록 어디를 봐도 조선 역사에 오랑캐에게 머리를 조아렸던 기록은 없다. 인조가 이러한 결정을 하기까지 숱한 고민을 했을 것은 자명한 일이다. 후대에 치욕적인 항복을 한 왕으로 기록되는 것만은 피하고 싶었을지도 모른다. 과연 나라면 어떤 결정을 내렸을까? 되물어 보지 않을 수 없다.

두 번째로 화가 김형구의 '심양에서의 인신매매'는 '병자호란 중에 청군은 우리나라 수많은 사람을 잡아갔다가 심양에 인신매매 장에서 비싼 속환금을 받고 우리나라에 되돌려 보냈다. 속환금을 내지 못한 사람들은 돌아오지 못하고 그곳에서 비참한 생활을 하였다.'는 내용으로 전시되었다.

그림에는 갓을 쓰고 작은 보따리를 든 양반을 향해 심양상인이 붙잡혀온 한 여인을 향해 안내하는 듯한 손짓을 하고 있다. 아마도 보따리는 준비해온 속환금으로 보이고, 갓신을 신은 것을 보아 양반인 듯하다. 보따리를 들고 서 있는 여인은 머리 모양으로 보아 양반집 여인으로 보인다. 보따리를 든 양반 뒤로 가족을 만나고 있는 사람들의 장면이 그려져 있다. 심양상인이 앉아 있는 앞에 속환금으로 받은 또 다른 보따리가 보인다. 가족을 만나고 있는 장면 뒤로 조선관리의 모습도 보인다. 조선 조정에서는 공신가족이나 임금을 호종한 군사들의 가족들을 데려오게 했는데, 아마도 공신의 가족을 데려오는 모습 같다.

·· **남한산성에서의 항전** 화가 김태, 광주시 사진 제공

·· **남한산성종합상황실** 1980년대 병자호란기록화전시관 모습, 광주시 사진 제공

인조실록 15년에는 '일찍이 정묘년에 화의를 약속할 때에는 한 사람에 해당하는 값이 겨우 옷감 10여 필이었습니다. 이번에 듣자하니 유림이 공유덕, 경중명과 더불어 10냥으로 약속했다고 합니다. 저들이 정한 값은 본디 눅었습니다. 점점 값이 오르게 된 것은 값을 치르고 찾아오는 데 급급해서 값이 많고 적은가에 대해서는 따지지 않아 비싼 값을 요구하는 폐단이 생기게 되었습니다. 한 사람 값으로 수백 냥을 치르겠다고 하는 사람도 있습니다. 이와 같이 한다면 가난한 백성은 끝내 갚아낼 길이 없을 것입니다'라는 기록이 있다.

심양에서 속환금을 내고 돌아온 사람이 60만 명이나 된다고 하는데 이 숫자가 부풀려졌다고 참작하더라도 당시에 많은 사람이 포로로 끌려갔다는 것을 알 수 있다. 그나마 돈이 있는 양반집은 속환금을 내고 가족을 만날 수 있었지만, 그렇지 못한 대다수는 이국땅에서 노비나 첩이 되어 평생을 고향 가족을 그리워하다 죽어갔을 것이다.

현재 온지당에 걸려 있는 남한산성에서의 항전 그림은 김태 작가가 그린 것으로 당시에 제작된 그림 중에서 가장 큰 그림이다. 내용으로 '남한산성을 수비하던 우리나라 군사들은 수차례에 걸쳐 기습공격을 감행했으나 큰 전과는 거두지 못했다. 45여 일간 항전을 계속했으나 청의 굴욕적인 강화조건을 수락, 항복하고 말았다.'고 설명되어 있다.

여러 차례 명칭과 내부전시가 바뀌는 과정에서도 이 그림만은 그대로인 것은 워낙 큰 작품이거니와 패배보다는 꺾이지 않고 대항했던 '항전'이라는 소재이기 때문이 아닌가 싶다. 전시화의 계절적 배경은 겨울로 눈이 많이 쌓여 있다. 바람이 성안으로 부는 것을 깃발이 펄럭이는 모양으로 알 수 있다. 성곽 밖이 가파르고 넓은 것으로 보아 청나라 본진이 위치한 서쪽 부근일 가능성이 커 보인다. 작가는 그림의 정면 왼쪽에 부러진 나무를 과감하게 그려 넣어 나라의 어려운 상황을 표현한 것으로 보인다. 이것 말고도 성안으로 부는 바람이라든가, 죽은 병사들이나 어두컴컴한 날씨 등으로 암울한 조선의 상황을 알려주는 듯하다. 그림을 자세히 보면 청나라 군사들이 홍이포를 발사하는 장면도 묘사되어 있어 무기체계에 대해서도 비교해볼 수 있다. 병자호란 당시에 수많은 조선 군사들이 혹독한 추위와 싸우고 10배가 넘는 적들과 싸우다 죽어갔음을 이 그림을 통해서 알 수가 있다.

지금은 온지당의 한쪽 면에 걸려 있어 많은 사람이 감상하기 어려워 아쉬운 점이 있다. 어쩌다 이곳에 들러 여기저기 상처투성이인 그림을 대할 때면 남한산성이 걸어온 길을 보는 듯 가슴 한쪽이 허전하다.

남한산성에 울려 퍼지는 종소리

사람들이 돌아가고 산성마을에 어둠이 깔리는 밤이면 찾는 곳이 있다. 우익문(서문)을 통해 밖으로 나가 우측으로 가면 서울의 모습이 한눈에 펼쳐진다. 이곳에서 우리나라의 가장 아름다운 야경을 볼 수 있다. 지금은 현대식으로 전망대가 설치되어 있어 안전하게 감상할 수 있지만, 전망대가 설치되기 전에는 다리가 비딱하게 박혀 약간 앞으로 기운 듯한 불량스런 모습의 벤치 두 개가 전부였다. 그 위에 앉으면 앞으로 쏠려 굴러떨어질까 봐 자연스레 발끝에 힘이 모였다. 하지만 일단 이 광경을 마주하면 불안한 마음은 잊고 한 폭의 그림을 보는 듯한 감상에 빠져든다. 가끔은 세

련됨보다는 예전의 불편함과 소박함이 그립다. 야경의 가장 아름다운 모습을 보려면 밤 9시에서 11시 사이가 좋다. 발아래 별들이 총총히 박혀 있는 듯 수많은 도시의 불빛들이 까만 밤에 존재를 과시하듯 빛을 쏜다. 발아래도 별이고, 머리 위에도 별이다. 온천지가 별이다. 하늘 아래 이곳처럼 아름다운 곳이 있을까 싶다.

한번은 딸아이 생일케이크를 준비해 수많은 빛을 초라며 우기며 생일파티를 했다. 이보다 규모가 큰 생일 케이크가 있을까? 생일노래를 불러주며 내 생일 때도 이렇게 해달라고 부탁했던 기억이 난다. 사진작가들에게 이곳의 야경이 입소문이 났는지 종류도 다양한 사진기들이 설치되어 아름다운 모습을 쉴새 없이 담고 있다. 지금은 산성에서 늦은 밤까지도 분주한 곳이 되었다.

야경 말고도 이곳에 숨겨진 아름다움이 있다. 귀로 듣는 아름다움이다. 종로의 보신각에서 울려 퍼지는 제야의 종소리를 들을 수 있다. 이 사실을 아는 사람은 극히 드물다. 매년 TV 화면을 보며 제야의 타종소리에 맞춰 새해소원을 기원하고는 했다. 어느 해인가 가족들과 특별하게 한해를 마감하고 새해를 맞이하고 싶은 마음에 이곳에 올라와서 새해를 기다리고 있었다. 그때 멀리서 종소리가 들려왔다. 처음에는 무슨 소리인지 몰라 숨죽여 귀를 기울였다. 산성 가까이에서 오는 소리가 아니라 멀리에서 들려오는 소리는 마치 심해의 깊은 곳에 한 줄기 빛이 비치는 것처럼 끊어질 듯 이어지기를 반복하고 소라 고동의 타형원처럼 울려 퍼졌다. 그

것은 바로 보신각의 제야의 종소리였다! 우연히 뜻밖의 종소리를 듣게 된 우리는 일시에 환호했다. 이런 횡재를 하다니, 새해에는 좋은 일들이 일어날 것 같은 강한 확신이 일었다.

한국 종의 특징 가운데 맥놀이 현상이 있다. 서울에서 약 24km 떨어진 곳까지 소리가 울려 퍼지는 것을 경험해보니 옛 선조의 기술이 새삼 놀랍다. 간혹 서울에서 불꽃놀이를 하면 이곳에 올라와 편히 감상하곤 했는데 산성의 또 다른 묘미를 발견한 것 같아 기분이 좋았다. 이곳은 한마디로 참 매력적인 공간이라는 생각이 미치면서 산성에서 제야의 종소리가 울리면 어떨까 상상해본다. 어쩌면 실현 가능한 상상으로, 산성 안에 종을 걸어둔 종각이 있었다.

산성은 비상시 임시수도의 기능을 갖추고 있어 한양을 그대로 축소해놓았다. 그래서 보신각에 해당하는 종각이 조선시대에는 백제장 음식점의 주차장에 위치하고 있었다. 그 탓에 지금도 이 일대를 종로거리라고 부른다. 그런데 이 종이 언제, 어떻게 사라지게 되었는지는 정확히 전해지지 않았다. 다만 남한산성에 걸려 있던 대종이 천흥사 동종이었다는 사실을 기록을 통해 확인할 수 있다. 종의 공식명칭은 '통화이십팔년명(統和二十八年銘) 천흥사동종'으로, 1927년 10월에 간행된 잡지 〈별곤곤〉 9호의 '조선의 사명종(四命鍾)'이라는 글에서 조선 4대 명종으로 봉덕사(奉德寺), 상원사(上院寺), 천흥사, 연복사(演福寺) 종을 꼽았으며, 천흥사 종에 대해 '천흥사가

· · **남산한성에서 야경을 보기 좋은 장소** 예전에는 나무 옆에 벤치가 있었다.

폐(廢)한 후에 남한산성 종각에 있다가 창경원박물관 설치 초에 가져온 것이니 고려 현종 원년에 주성(鑄成)한 것이다.'는 내용이 있다. 현재 천흥사종은 국보280호로 국립중앙박물관에 소장 전시되어 있다.

남한산성에 걸려 있던 대종을 대신해서 2011년 11월에 원래의 종보다 약 3배 정도 크게 종을 만들어 '남한산성종'이라고 새겨넣은 종을 제작해서 종각에 걸게 된 것이다.

그해 12월의 마지막 날처럼, 언젠가는 새롭게 맞이하는 첫날을 이곳의 남한산성에서 울려 퍼지는 제야의 종소리를 들으며 많은 사람과 함께 맞이하고 싶다. 새해소원을 담은 등불도 하늘 높이 날려 보내며 겨울밤에 수놓은 별도 함께 보고 싶다.

3장

과거와 소통하다

호기심에 찬 푸른 눈의 이방인

2014년 6월에 남한산성이 세계유산에 등재된 것을 축하하기 위해 세계유산등재 축제 기간에 외국인을 대상으로 하는 과거시험이 행궁의 외행전(外行殿)에서 치러졌다. 국적도 다양한 이방인들이 참가했는데 이날의 장원급제자는 터키 국적의 여성이었다. 옛날 같으면 종6품의 관직을 받았을 것이다. 다들 낯선 문화체험에 즐거워했다. 새삼 외국인들의 발길이 이어지는 것을 보며 세계유산이라는 브랜드 가치를 실감하게 된다.

세계유산으로 지정되고 나서 일본인 관광객이 눈에 많이 띈다. 이들은 늘 깃발과 함께 단체로 움직이는데, 여럿이 다니면 부산스

러울 법도 한데 차분하게 답사하는 모습이 인상 깊다. 이에 반해 유럽인들은 자유여행객들이 많아서인지 혼자나 둘이 다니는 모습을 볼 수 있다. 지도를 내보이며 여기가 어디인지를 묻는다. 짧은 영어로 대답해주면 활짝 웃는 얼굴로 화답하고 이내 길을 떠난다. 혼자서 여행을 해본 경험이 없는 나로서는 낯선 길을 나선 용기와 그 길 위에 자유로운 영혼이 부럽다. 이들을 보면 오래전에 산성에 머물렀던 역사 속 이방인이 떠오른다. 하멜표류기의 주인공인 헨드릭 하멜(Hendrick Hamel)이다.

하멜 일행이 남한산성에 머물렀었던 사실을 아는 사람은 많지 않다. 하멜표류기는 하멜이 13년 20일간 조선에서 억류생활을 하며 지명, 문화 등을 담은 보고서로, 원전이 바로 하멜일지이다. 하멜은 조선을 서양세계에 최초에 알린 사람으로 잘 알려졌지만, 사실 이 일지는 억류 동안 받지 못한 임금을 회사에 청구하기 위해 작성한 보고서이다. 하멜 일행은 1654년 산성에 머물렀을 때를 이렇게 적고 있다.

8월에 만주(청나라) 특사가 매년 받아가는 조공을 받아가려고 왔다. 왕은 청나라 칙사가 서울에 머무르는 동안 우리를 커다란 성채로 파견했다. 이 성채는 서울로부터 약 45내지 50km 정도 떨어진 아주 높은 산 위에 있었는데, 가파른 오르막길을 약 15km 정도 올라가면 있었다. 그곳은 튼튼한 요새라서 왕이 전쟁 시에 피난하는 곳이었다. 이 나라의 고관이 살고 있었으며, 항상 3년분의 식량이 저장되어 있어 수천 명의 사람이 그곳에서 지낼 수 있었다. 그 요새는 남한산성이라 하였고 우린 청나라 칙사가 떠난 9월 2, 3일경까지 그곳에 있었다.

하멜표류기. 서해문집 2006. 48-49

약 한 달 남짓을 그들은 산성 어디에 머물렀을까? 행궁을 둘러보다 보면 문득 이런 생각을 하게 된다. 짐작해보건대 하멜 일행은 입성하여 제일 먼저 행궁에 있는 광주부윤에게 인도되었을 것이다. 그렇기 때문에 외국인 과거시험이 치러진 이 공간에도 머물렀을 것이 틀림없다. 간혹 저녁이면 낯선 이방인을 궁금해하는 성안의 고위관료의 거처인 행궁의 내아에도 불려갔을 것이다.

그리고 약 230년 뒤에 같은 공간 다른 이방인을 만난다. 빅토르 콜렝 드 플랑시(Victor Collin de Plancy)가 1887년 주한 프랑스 대리공사자격으로 서울에 부임하여 1888~1891년은 영사 자격으로, 1895~1905년은 총영사겸 대리 공사로 총 13년을 머물면서 우리나라의 많은 서적과 골동품을 수집하여 프랑스로 유출시켰다. 유출시킨 문화유산 중에서 유네스코 세계기록유산으로 등재된 가장 오래된 금속활자 인쇄물인 '직지심체요절'은 현재 프랑스 국립도서관 동양문헌실에 보관되어 있다. 남한산성과 관련해서는 1755

년 금강산 건봉사에서 제작하여 남한산성 국청사에 봉안했던 '감로탱화'를 프랑스 국립기메동양박물관에서 볼 수 있다. 그 이유를 기메박물관 관련 도록에서 찾을 수 있다. 도록에는 1891년 플랑시의 기증이라고 기록되어 있다. 우리나라 국보급 탱화를 국청사에서 볼 수 없다니 마음이 착잡하다.

네덜란드의 아시아 침탈본부였던 동인도회사의 직원 헨드릭 하멜 일행이 조선땅에서 보낸 13년 동안 그들의 발전된 문명을 수용하고 네덜란드인들과 교역이 이뤄졌다면 조선의 운명은 다른 길을 걷고 있지 않았을까? 이방인이 13년 동안 한 나라의 국보급 문화재를 약탈하는 일 따위는 적어도 막을 수 있지 않았을까?

360년이 지난 지금 그 자리에서 또 다른 이방인들을 마주한다. 이들은 여행의 추억을 남기기에 여념이 없다. 가는 곳마다 연신 셔터를 누르고 세계유산인 남한산성에 방문했다는 도장도 잊지 않고 받는다. 애써 전통음식을 찾아 맛보며 이곳저곳을 호기심에 찬 눈빛으로 탐험한다.

낯선 곳에서 두려움에 떨었을 네덜란드인의 눈빛과 탐욕에 눈이 먼 프랑스인의 눈빛을 호기심에 찬 이들의 눈빛에서 함께 읽는다. 역사는 남고 과거는 흐르는 듯하다. 원하든, 원하지 않든 누군가는 이 공간에서 또 다른 누군가를 기억할 것이며 만날 것이다. 그렇게 산성은 오래된 과거와 현재가 접촉하는 중이다.

앗! 한옥이 아니네

남한산성은 문화유적지임에도 사람이 사는 곳이기 때문에 기본적으로 필요한 시설들이 들어서 있다. 교육시설인 초등학교며 종교시설, 파출소, 소방서, 마을회관, 정보화마을 등을 답사하다가 쉽게 만나볼 수 있다. 이외에도 마을 안에는 주민 가옥이며 수많은 식당이 있는데, 이러한 건물들이 가지고 있는 공통점이 있다. 건물의 외관이 전통적인 모습을 담고 있어야 한다는 점이다. 눈여겨 살펴보면 지붕들이 하나같이 전통 기와지붕인 것을 확인할 수 있다. 초가를 올린 건물도 몇 채 보인다. 옛 모습에서 역사와 문화의 전통을 계승 발전하려는 마음이 반영된 것이다.

이러한 역사공간에 기와를 올리지 않은 건물이 두 곳 있다. 첫 번째 건물은 남한산성 행궁 안에서 찾아볼 수 있다. 외행전을 관람하고 일장각으로 들어가기 전에 외관이 철재로 되어 있는 통일신라건물터와 맞닥뜨린다. 철재 구조를 보는 순간 사람들은 '이건 뭐지? 내가 잘못 본 건가' 하고 다시 살펴보거나 뭔가 잘못된 게 건 아닌지 이상하다는 표정을 짓는다. 사람으로 보면 갓을 쓰고 도포를 걸쳤는데 도포 안에 양복 입은 느낌이랄까? 시대적 간극이 너무 커서인지 행궁 건물들의 조화로운 멋의 균형이 일순간 무너진다. 그나마 건물의 높이가 높지 않은 것이 다행이라면 다행이다.

종종 이곳에서 TV나 영화의 사극 촬영하는 모습을 볼 수 있다. 몇 년 전에는 SBS드라마 〈뿌리 깊은 나무〉를 촬영해서 나는 운 좋게 한석규의 얼굴을 보기도 했다. 한번은 답사객들과 행궁 답사를 하는 중에 촬영이 있어서 오가도 못하는 신세가 됐다. 촬영 중에는 다른 소리가 들어가서는 안 되어서 중간중간에 대기하는 스탭들이 이동하는 답사객들에게 잠시만 기다려달라며 양해를 구한다. 이렇게 촬영을 해서 드라마로 나오는구나 싶다. 그런데 이 팀도 촬영할 당시 카메라 앵글에 현대식 건물이 보였던지 통일신라건물터를 가리기 위해 기와 담장을 설치했다. 이 담은 촬영이 다 끝나고 한동안 철거하지 않았는데 어색한 부분 없이 주변과 잘 어울렸다.

나는 이 건물을 보면서 덕수궁(경운궁)의 정관헌(靜觀軒)이 떠올랐다. 정관헌은 조선의 궁궐 속 첫 서양식 건물이었다. 그래서 다른 궁궐에서는 느껴지지 않는 매력적인 공간으로 기억되어 있다. 통일신라건물터는 통일신라시대 건물터를 보존 전시하고 있다. 지금의 자리를 발굴 조사하는 과정에서 통일신라시대의 최대건물지와 초대형 기와가 무더기로 모습을 드러냈다. 유구의 발굴 결과 남한산성의 문헌적 출발이 되는 문무왕 12년에 신라는 당나라와의 전쟁에 대비하여 한산주에 주장성을 쌓았고, 주장성은 신라 최대규모의 둘레 8km 석축산성이라는 기록과 일치하는 것으로 나타났다. 이는 주장성이 남한산성인 것을 입증하는 중요한 의미를 갖는다.

건물지에서 발굴된 대형기와들은 토지박물관에서 보관하고 있고, 하궐 남행각 바깥쪽에 복제해서 만든 대형기와를 전시하고 있다. 이곳에서 출토된 기와 한 장의 무게는 약 20kg으로, 일반기와의 무게가 4kg 정도임을 고려할 때 5배나 무겁다. 발굴 당시에 이 기와를 두고 한쪽은 '기와이다', 다른 한쪽은 '기와가 아니라 장식용도로 사용하였을 것이다'고 의견이 분분했었다. 그도 그럴 것이 기와는 건물의 가장 윗부분에 올려지는데, 과연 건물이 이렇게 무거운 하중을 지탱할 수 있겠느냐의 문제가 있었다. 이후 통일신라 건물지의 벽체 두께가 2m임이 확인되면서 건물이 무거운 기와 무게를 견딜 수 있으며 대형기와를 사용하였다는 것을 2007년 발굴

조사를 통해 분명히 하였다.

그래서 대형기와를 복제하여 답사객들에게 산성의 역사를 보여주고 있다. 통일신라건물터는 조선시대 건물이 아니므로 시대 구분을 확실히 하기 위해 현대적으로 만들었으며, 건물의 지붕은 암기와의 형상으로 만들어 상징화하고 있다.

두 번째 현대적 건물은 중앙주차장의 정보화마을 건물 바로 앞에 있는 솔바람책방이다. 남한산성의 책방은 컨테이너 모습으로 철재에 유리로 되어 있고 현대적 세련미까지 갖추고 있다. 그 모습을 보자 순간 신선한 충격과 함께 이곳과 어울리는지에 대해 생각해보지 않을 수 없었다. 이후 이 건물이 작가 배영환이 '함께 만드는 지역 커뮤니티 공간'이라는 주제로 2009년 경기도 미술관을 시작하여 이른바 '컨테이너 라이브러리 프로젝트'로 탄생했다는 것을 알게 되었다. 작가는 잊혀가고 있는 마을 정자의 정신을 책방에 담고자 했다. 나는 아이가 초등학생일 때 이곳에서 일주일에 한 번 정도 늦은 시간까지 지킴이 자원봉사를 했었다. 그때는 오후 늦게까지 책방 문을 열었는데, 밖이 어두울수록 책방 안이 훤히 보여 지나가는 사람들 시선에 난감했었다. 그러나 차츰 시간이 지나면서 자연스럽게 무뎌져 편하게 책을 보았다. 책방이 생긴 덕을 나보다 더 많이 본 사람이 있을까? 이때 본의 아니게 책을 많이 읽었다.

책방의 분위기는 여느 책방에서는 찾아볼 수 없는 자유분방함

•• **솔바람책방** 작가 배영환이 '함께 만드는 지역 커뮤니티 공간'이라는 주제로 디자인한 '컨테이너 라이브러리 프로젝트'로 탄생되었다.

그 자체다. 아무렇게 널브러져 아직 돌아오지 않은 부모를 기다리며 책을 보는 아이도 있고, 반대로 부모를 채근해서 책방을 온 아이도 있다. 간혹 밤늦도록 집에 돌아오지 않은 아이를 찾아 이곳에 온 엄마도 만나 이야기를 나누기도 했다. 책방의 등장은 핵가족이나 컴퓨터로 인해 잊고 있었던 공동체 정신의 회복이라고나 할까? 옛날 마을 정자가 그랬듯이 이곳에서 마을 아이들을 함께 돌보게 된다. 오랜 역사가 깃든 산성에서 내일의 여는 책방은 마을 공동체 정신을 지키기 위해 단단한 철재의 모습으로 이곳에 있는 듯하다.

통치자와 아버지 사이

우리 가족은 아침을 먹고 산을 나서서 늦은 저녁에 들어온 적이 두 번 정도 있다. 한 번은 외성길을 잘못 들어서 산을 두 개나 넘어 하남시 산곡동으로 나왔다. 수중에 가진 돈도 없고 휴대폰도 집에 두고 나왔다. 해는 지고 배는 고프고 더는 걸을 힘도 없어서 히치하이크하기로 했다. 그러나 몇 번을 시도해도 차들은 그냥 지나갔다. 몇 번을 실패하고 나니, 그 이유가 함께 있는 개 때문인 듯했다. 우리는 긴급회의 끝에 딸아이에게 작은 애완견처럼 개를 안게 하고 다시 시도했다. 그러자 봉고차 한 대가 기꺼이 우리를 태워주었다. 개를 안고 있지 않았어도 태워주었을 것 같은 인상이 좋은 분이었다. 집에 도착하니 앞집 어르신 내외가 우리를 맞아주었다. 산에 갔다 온다고 나가더니 늦도록 돌아오지 않아 저녁 내내 안절부절못하고 걱정하셨단다. 몇 년을 이웃으로 지내다 보니 정이 들어서인지 친자식 대하듯이 우리 가족을 생각해주신다. 이웃의 정도 이렇게 끈끈한데 부모와 자식 간의 정은 말할 필요도 없다. 그러나 역사 속에서는 정치적 입지 때문에 부자지간의 정도 버리는 경우를 어렵지 않게 만나볼 수 있다.

나는 행궁의 가장 깊숙한 내행전(內行殿)에 들어서면 아버지와 나라를 걱정하며 적들의 요구에 볼모로 가겠다고 자청했을 소현세자를 떠올리게 된다.

인조의 첫째 아들인 소현세자는 나이 15세에 성품이 강직하기로 알려진 서인계 인물 강석기의 둘째 딸과 혼인한다. 인조의 뒤를 이을 예비국왕과 국모의 혼인인 만큼 성대하게 치러졌어야 할 결혼식은 아주 조용하고 간소하게 치러졌다. 혼인하던 해가 1627년 정묘호란이 일어나던 해로, 온 나라 안이 전쟁의 후유증으로 혼란한 시기였다. 왕세자비 민회빈강씨에게 무엇보다도 중요한 일은 왕위를 이을 자식을 잉태하는 것이었다. 아이 소식만 기다리며 궁궐생활을 하던 그녀에게 기다리던 해임소식이 9년 만에 들려왔다. 그러나 기쁨은 잠시였다. 아들 석철을 낳았던 해에 병자호란이 일어났다. 세자 부부가 청나라의 볼모로 잡혀가던 해였다.

아버지 인조는 두 아들 소현세자와 봉림대군이 떠나는 날 청나라 대장에게 가는 동안 자식들이 온돌방에 기거하게 해달라고 부탁한다. 두 아들에게 당부의 말도 잊지 않는다. "힘쓰도록 하라. 지나치게 화를 내지도 말고 가볍게 보이지도 말라." 청의 볼모로 두 아들을 보내는 인조의 마음이 어떠했을지 느껴지는 대목이다. 반정을 통해 왕위에 오른 인조에게 왕위의 적통을 잇는 것은 매우 중요한 일이었다. 큰아들 소현세자에게 거는 기대는 남달랐을 것이다.

심양 생활에서 왕세자비 부부는 지는 명과 떠오르는 청의 힘을 직접 보고 발달한 과학기술을 접하면서 새로운 세계에 눈을 뜬다. 포로로 잡혀 있는 상황에서도 노예시장에서 팔려가는 백성을 구하기 위해 직접 자금을 마련했다. 왕세자로서 아버지의 말씀을 곱씹으며 조선으로 돌아갈 날만을 기다리며 생활했을 것이다.

하지만 9년 만에 돌아와 본 조선은 그대로였다. 세상은 변하고 있는데 조선만은 그 변화를 인지하지 못하는 것인지 백성의 처지는 달라진 게 없었다. 청의 문물을 받아들여 백성의 삶을 바꾸려 했던 소현세자는 귀국한 지 채 몇 달도 되지 않아 의문의 죽음을 맞았다. 독살을 당했다는 의혹에도 인조의 반응은 냉담했다. 당시 세자의 진료를 담당했던 어의 이형익에게도 어떠한 처벌도 내리지 않았다. 눈물로 아들을 배웅했던 아버지 인조는 이제 어디에도 없다. 남편이 죽은 후 민회빈강씨도 끝내 사약을 받고 죽음을 맞았다.

인조는 한 나라의 최고 통치자이자 동시에 자식을 둔 아버지였다. 그러나 아들이 볼모로 갈 당시 혹시 병이 날까 온돌방에 재워주기를 부탁했던 아버지의 모습은 찾아볼 수 없다. 인조에게 청에서 돌아온 소현세자는 아버지를 대신해 원수를 갚아줄 자식이 아니었다. 원수의 나라에서 원수와 가깝게 지내온, 원수와 같은 사람이었나 보다. 광해군의 패륜을 문제 삼아 반정을 일으킨 장본인인 인조는 정치적 통치자로서 소신과 원칙도 따르지 않았고, 아버지로서 지켜야 할 도리도 버렸다.

병자호란이 남긴 상처는 아물지 않은 채 꼬리에 꼬리를 물듯 온 나라 안에 미치지 않는 곳이 없다. 패자의 역사에서 어리석은 군주는 세상을 자기 잣대에 맞추느라 많은 것을 잃고 만다. 소현세자가 살았다면 세상에 맞출 줄 알고 변화에 대처할 줄 아는 현명한 군주가 되지 않았을까? 행궁의 내행전에 서면 이러한 질문과 생각이 끊임없이 이어진다. 나에게 이곳은 가장 마음을 복잡하게 하고, 공허함이 큰 공간이다.

조선 왕조에서 차기 대권주자였던 소현세자나 지아비와 아들들을 잃은 민회빈강씨보다 더 파란만장하고 비극적인 삶을 살다간 이가 또 있을까? 소현세자는 아버지 인조와 함께 산성에 들어왔을 때만 해도 이런 비극이 기다리고 있으리라고 짐작이나 했을

·· **내행전** 병자호란 당시 인조와 소현세자가 머물던 곳

까? 만약 그가 아무 일 없이 왕권을 이어받았으면 어땠을까? 한 번쯤 생각해볼 문제이다.

벌봉에서 안추원을 기억하며

고졸한 성곽의 모습을 만나고 싶을 때면 벌봉(蜂岩, 봉암)으로 방향을 잡고 걷게 된다. 성 밖인가 싶다가도 결국엔 성을 벗어나지 못했다는 것이 아쉬움과 안도감을 동시에 느끼게 한다. 벌봉은 인적이 드문 데다가 인위적으로 성곽을 수리하지 않아 여기저기 부서지고 무너져 내린 여장에서 오래된 산성의 과거를 만나는 듯하다. 길가에 아무렇게나 피어 있는 이름 모를 꽃들이며 좁다랗게 이어진 길에서 만나는 소박한 즐거움에 눈을 뗄 수가 없다.

벌봉은 산봉우리에 있는 큰 바위가 벌처럼 생겨서 벌바위라고 불리기도 한다. 또 벌떼가 집을 짓고 살아서 벌봉이라고 부르는

데, 봉암성(蜂巖城) 안에 있는 바위이다. 벌봉에 가기 위해서는 본성의 3암문을 통해 성 밖으로 나갔다가 봉암성에 설치된 12암문으로 다시 입성해야 한다. 이 봉암성은 부르는 이름이 여럿 있다. 본성을 새로 쌓았다 해서 '신성', 동쪽의 성이라 하여 '동성', 또 본성이 아니어서 '외성'이라고도 부른다. 봉암성에서 가장 높은 벌봉에 도착하면 바위에 '봉암신성병인(蜂岩新城丙寅)'이라고 새겨져 있어 '봉암신성'이라고도 한다.

봉암신성병인비는 병인년인 1686년 숙종 12년에 바위에 새긴 비로, 정사각 형태에 50여 글자가 새겨져 있다. 이를 통해 봉암성의 축조 시기와 축성에 참여한 감독과 담당구역들을 확인할 수 있다.

벌봉을 설명하는 안내문에는 '암문 밖에서 이 바위를 보면 벌처럼 생겼다 하여 벌봉이라 한다. 병자호란 때 청태종이 정기가 서려 있는 벌봉을 깨뜨려야 산성을 함락시킬 수 있다 하여 이 바위를 깨뜨리고 산성을 굴복시켰다는 전설이 있다. 벌봉은 해발 512.2m로 남한산성의 수어장대(497m)보다 높아서 남한산성의 서쪽 내부와 동쪽 성벽이 훤히 내려다보인다. 병자호란 당시 이 지역을 청나라군에 빼앗겨 적이 성 내부의 동태를 쉽게 파악할 수 있었으며, 화포로 성안까지 포격할 수 있었다.'라고 적혀 있다. 이러한 약점들을 보완하기 위해 이후에 봉암성을 신축했다.

나는 이곳에 오를 적이면 배낭 가방에 캔맥주 하나를 챙겨간다. 산성에서 하늘과 가장 가까이 맞닿는 곳에 올라 굽이굽이 친 산 아래를 내려다보면 끈질기게 이어지는 역사의 가슴 아픈 한 장을 만나게 된다. 내 나라 내 땅이 그리워 27년이나 지난 현종 때에 비로소 만주를 건너 조선 땅을 밟은 안추원! 그는 병자호란 직후 청나라 심양으로 끌려간 수많은 포로 중 한 명이다.

영화 〈최종병기 활〉의 시대적 배경은 병자년으로, 안추원이 포로로 끌려가던 때이다. 그 당시 조선에는 10세 이하 아이와 70세 이상 노인만 남았다는 기록이 있다. 병자호란의 강화조건에는 포로가 도망하여 환국할 경우 즉각 심양으로 되돌려 보내야 한다는 내용도 포함되어 있다. 조선으로 탈출했다가 다시 청군에게 끌려간 포로들은 발뒤꿈치가 잘리는 가혹한 처벌을 받았다고 전한다. 이곳에 오는 날엔 예외 없이 안추원과 또 다른 수많은 안추원을 만나게 된다.

날이 찌뿌둥하게 좋지 않은 날이면 벌봉에 사는 정신이 온전치 않은 거지가 마을로 내려오곤 한다. 정확하게 말하면 동림사 아래쪽에 살고 있지만, 사람들은 그를 '벌봉 총각'이라 부른다. 정신이 멀쩡한 날도 더러 있지만, 대개는 술에 취해 미친 사람처럼 혼잣말을 해서 웬만한 심장을 가지고 있지 않고서야 그 옆을 지나기 어렵다. 마을에 떠도는 이야기로는 유씨 성을 가졌으며 나이는 마흔 중반으로 어느 날부터인가 신기가 들어 밖으로 나돌아다녔다고 한다. 한때는 절에도 있었다고도 하는데 남을 해코지한다는 이야기는 아직 들어본 적이 없다. 하지만 김치나 커피 등 자잘한 세간들을 동네에서 가지고 갔다는 이야기는 종종 들려온다. 몇 년 동안을 봐온 터라 겨울을 지나고 봄이 되어 유씨를 보면 추운 겨울을 다행히 잘 지냈구나 싶어 반가운 마음은 아니더라도 안심되었다.

그런 벌봉 유씨와 나의 잊을 수 없는 일화가 있다. 사람들은 그를 무서워했는데 왜 그런지 나는 별로 무섭지가 않아 한번은 밥 먹었느냐고 묻기도 하고 유씨도 혼잣말인지 대답인지 모를 말을 하기도 했다. 그런 정도가 유씨와 나의 관계의 전부였다. 그러던 어느 날 역시 날은 찌뿌둥했고, 유씨가 마을에 보여 오늘도 다름없이 내려왔구나 하고 있었다. 당시에는 역사관이 있던 때라 나는 역사관에 있었다. 얼핏 나를 본 유씨가 역사관으로 들어오더니 바로 코앞에 무엇인가를 들이밀었다. 밥이었다! 그러면서 밥을 먹으라고 한다. 화들짝 놀라 보니 자기 밥그릇에 밥을 비벼 숟가락을 꽂아 날 보고 먹으라고 한 것이었다. 왜 그랬을까? 아직도 정신이 온전치 못한 유씨가 왜 그랬는지 알 수가 없다. 다만 그날의 일은 적잖은 충격이었다.

TV에 나오는 거지들은 누구에게 뺏길세라 밥통을 움켜쥐고 먹는다. 그런데 유씨는 나에게 자신의 밥을 나눠주었다. 가진 것이 많은 부자라도 나눌 줄 모르고 혼자만 독식하는, 그야말로 겉은 멀쩡한 거지들이 판치는 오늘날이다. 그날의 경험은 그간의 삶의

·· **벌봉** 벌떼가 집을 짓고 살아서 벌봉이라고 부르고, 봉암성(蜂巖城) 안에 있는 바위이다. 산봉우리에 있는 큰 바위가 벌처럼 생겨서 '벌바위'라 불리기도 한다.

태도를 돌아보는 시간이 되었다.

마을 사람들 중 더러는 벌봉을 챙성이라고도 부른다. 모자의 챙 부분을 닮았다고 해서 그리 붙여진 이름이다. 인위적이지 않은 성곽의 모습을 간직하고 있는 벌봉, 그래서 아름다운 벌봉! 아름다움이란 비극이나 죽음을 전제로 할 때 더욱 빛난다는 말을 조금은 이해할 듯하다. 벌봉에서 누리는 이 평화가 아름답고 소중한 것은 수많은 안추원의 비극이 만들어졌던 병자년을 기억하기 때문일지 모른다.

해발 300미터 고지에 사는 사람들

산성도시로 통하는 도로는 두 곳이 있다. 광주 방향에서 광지원리(光池院里)을 거쳐 진입하는 것과 성남에서 들어오는 방법이다. 봄에는 길 양옆으로 만개한 벚꽃들 때문에 광주 길은 무척이나 아름답다. 바람이 부는 날이면 누구든 영화의 주인공이 된다. 드라이브 코스로도 유명한 이 길에서는 1년 내내 변화무쌍한 자연의 모습을 감상할 수 있다. 반면에 성남 쪽은 꼬불꼬불한 길을 따라 오르다 보면 넓게 펼쳐지는 풍광에 속이 확 트이고 탄성을 지르게 된다. 겨울에는 온통 눈꽃이 흩날려 마치 겨울왕국으로 빨려 들어가는 느낌이 든다.

외진 길을 따라올라 사람이 이런 곳에서 살 수 없을 것 같은 생각이 들 때쯤이면 서서히 음식점들이 눈에 들어온다. 이리저리 둘러봐도 온통 음식점이 즐비한 모습이다. 세계문화유산이라 기대하고 왔다가 시장통 같은 모습에 적잖은 실망감을 느끼는 사람들이 있다. 그도 그럴 것이 유적지 하면 옛 건물이나 오래된 탑이라든가 시공간을 뛰어넘어 옛 모습으로 시간이 멈춰 있는 모습을 기대하기 때문이다. 그래서 관광을 왔다면 어디서부터가 유적지인지, 문화유산이 있기는 한 것인지 막막할 수 있다. 그런데 남한산성은 이런 분주한 모습에서부터가 답사의 시작이다.

남한산성이 유네스코 세계문화유산으로서 지니는 여러 가지 가치 가운데 하나는 산성도시라는 점을 들 수 있다. 한양이 수도로서 기능할 수 있었던 것은 왕조의 상징인 종묘, 사직이 보존되어 있으며 행정과 군사적으로 중요 관청들을 갖추고 있기 때문이다. 남한산성도 유사시 임시수도로 기능할 수 있도록 계획된 도시이기 때문에 이러한 시설물들을 갖추어 조성되었다. 성안에 국가시설물로 비상시 봉안처 역할을 할 수 있도록 종묘와 사직을 설치했다.

남한산성은 지금의 광주 시청 역할을 하던 행정의 중심인 광주부 읍치(廣州府 邑治)와 중앙군사인 수어청의 본부가 설치되어 운영하던 큰 도시였다. 더욱 놀라운 것은 행정의 중심지 역할을 하던 관청이 1917년 광주의 경안으로 옮겨지기 전까지 약 290년간 높은 산악지대에 도시를 형성해왔다는 점이다.

1626년에 읍치를 성안으로 옮겨와 가장 번창했을 때에는 가구 수가 1,000호에 달했다는 기록을 숙종실록에서 볼 수 있다. 당시에는 인구가 1,088명이었던 거대 산성도시이다. 세계 어디를 찾아봐도 산성이 도시로서 오랫동안 기능한 곳은 유례 없는 특징으로, 남한산성만이 가지는 가치다.

산성도시는 이후로도 산성마을로 그대로 유지되었다. 외형적으로만 유지된 것이 아니다. 세계유산으로 지정되기 전에 현장실사를 나온 유네스코 실사팀들은 현절사제향(顯節祠祭享) 모습을 지켜보더니 찬사를 아끼지 않았다. 그도 그럴 것이 약 380년 가까이 선대의 정신을 대대로 지키며 실천하는 경우는 세계적으로도 드물기 때문이다.

과거에 번창했던 도시가 오늘날에도 후손이 사는 마을로 존재하고 있다. 그들 대부분은 음식점을 운영해서 생활하고 있다. 그렇기 때문에 산성탐방의 시작은 마을과 마을 사람들에서부터 시작이고, 생활문화를 포함해야 하는 이유이기도 하다. 대개 유적지는 정적인 분위기다. 그러나 산성은 마을이 있고 마을 사람들이 생활하는 현재진행형이기 때문에 동적이고 생동감이 넘친다.

한때 산성마을도 광주부에서 광주군으로 편성되고 광주군청이 경안으로 옮겨지면서 낙후되기 시작했다. 행정의 중심이 떠나고 인근 도시가 발전하면서 산성에서 먹고살기란 참 힘겨웠을 것이다. 선대로 물려받은 땅을 지키기 위해 그때부터 간간이 등산객들을 상대로 닭을 잡았는지 모를 일이다.

간혹 답사객 중에서 이곳에 들어와서 살고 싶다는 사람들을 종종 만난다. 그러나 산성살이가 생각처럼 만만한 것은 아니다. 생활필수품 하나를 사려면 광주나 성남으로 내려가야 하는 번거로움은 둘째 치더라도, 산성과 도시의 기온 차가 커서 겨울의 추위는 말할 것도 없고 여름이라도 저녁에는 찬 기온이 내려와서 두툼한 이불을 덮고 자야 한다. 도시인이 적응하기 쉽지 않은 곳이다. 웬만한 것들은 자급자족하는 편이 산성살이 하기에 편하므로 부지런해야만 한다.

젊은 날 성안으로 시집와서 한 번도 성 밖으로 나가 살아본 적이 없는 지긋한 어르신에게도 산성은 좋은 곳만은 아니었을지 모른다. 답답한 산성을 벗어나고 싶은 마음도 있었을 것이다. 현재는 아이들이 커가면서 고향이 그리워 도시에서 다시 들어온 사람, 산성과는 아무런 연고도 없이 그저 산이 좋아 찾은 사람, 건강상의 문제로 입성한 사람 등 서로 다른 사연을 가진 사람들이 성안에 살고 있다.

산성마을은 세계인류가 보존해야 할 가치를 지닌 수많은 문화유산을 지닌 유적지이며, 탁월한 자연환경으로 경기도립공원으로 지정된 곳이다. 사유지와 국유지, 원주민과 이주민이 공존한 이색적인 공간이기도 하다. 그들은 사라져가는 옛것과 사라지는 것들을 지켜가는 전통 그리고 자연을 지키며 산성과 함께 새로운 역사를 쓰고 있다.

송수탑과 추모비

수어장대에 오르면 큰 전나무가 눈에 띈다. 그 옆의 돌기둥 앞면에는 '리대통령 각하 행차 기념식수'라고 쓰여 있고, 뒷면에는 단기 4286년 9월 6일이라고 새겨져 있다. 우남 이승만 전 대통령이 1953년에 방문하고 기념식수한 것을 기리기 위해 건립한 표석이다. 당시 헬기를 이용해서 방문했다는 이야기를 마을 어르신들에게 들을 수 있었다. 방문 다음 해인 1954년에 이 대통령의 지시로 우리나라 최초의 국립공원으로 지정되었다가 4.19혁명 이후 취소되었던 내력을 가지고 있다. 남한산성에서는 이 대통령의 흔적을 많이 찾아볼 수 있는데, 그만큼 관심이 높았다는 것을 짐작할 수 있다. 성남시에서 남한산성에 이르는 길을 우남로라고 부른다. 산성에 대통령이 다녀간 길이라 해서 대통령의 호를 붙여 우남로라고 했다. 행궁하궐 발굴조사에서 우남로라고 쓰인 비석이 출토되었다. 앞면에는 우남로라고 양각하고, 뒷면에 글자를 새겼다. 내용은 다음과 같다.

남하산성연락도로개척공사개요

단기 4286년 9월 6일 리 대통령 각하께옵서 남한산성을 순시하시고 고적의 황폐함을 개탄하사 사적을 급히 수리할 것을 명하시는 동시에 남한산성에 통하는 샛길을 개척하여 이 산성으로 하여금 민족문화의 선양과 국민교화의 터전을 이루게 하라 하시니 이에 경기도관민이 혼연일체로 사적 수리와 기타시설을 하게 되었으며 특히 이 길은 연장 7,560미터의 신설도로로 단기 4287년 4월 29일에 기공하여 동년 6월 30일에 완성된 것이니 이는 오로지 리 대통령 각하의 뜻하신 바를 받든 것으로 심오하신 그 뜻을 기념키 위해 길의 이름을 각하의 아호인 우남으로 정한 것이다.

제6암문인 서암문 파적지에서 수어장대 방향으로 조금 더 걷다 보면 돌계단이 보인다. 이 37개의 계단을 따라 오르면 커다란 원형으로 된 테이블을 볼 수 있다. 이곳은 사람들이 많이 쉬어가는

· · **송수탑** '송수'란 장수를 기린다는 뜻으로, 8m 높이의 탑을 세우고 봉황으로 장식했다. 80세를 의미하는 80계단을 만들어 송수탑이라고 했다.

곳으로 옆으로는 돌난간이 둘러쳐져 있어 뭇사람들의 궁금증을 유발하는 공간이다. 이곳은 이 대통령 80세 생일을 기념해서 당시 경기도지사가 1955년에 송수탑(頌壽塔)을 건립한 장소다. '송수'란 장수를 기린다는 뜻으로, 8m 높이의 탑을 세우고 봉황으로 장식했다. 80세를 의미하는 80계단을 만들어 송수탑이라고 했다. 원형 테이블을 받치고 있는 팔각기단에는 무궁화 문양이 면마다 새겨져 있다. 이 도지사는 이후에 장관으로 승진했다고 한다. 그래서인지 모르겠으나 그와 관련해서 이 대통령이 한번은 방귀를 뀌자 옆에 있던 이 도지사가 "각하, 시원하시겠습니다." 하였다는 이야기가 많이 알려져 있다.

이승만 독재정권에 항거하여 4.19혁명이 일어나자 송수탑도 헐고, 송수탑의 비석과 탑 꼭대기의 봉황 조형물은 길옆 땅에 파묻었다고 한다. 이때 수어장대의 행차기념식수를 표시한 표석도 같이 30여 년간 땅속에 묻혀 있던 것을 다시 세워놓았다. 한 번 쓰러졌던 표석이 다시 세워진 기막힌 사연이다.

더 재미있는 것은 이곳에서 한때 이승만 대통령의 경쟁자였던 해공 신익희 선생을 같은 장소에서 만날 수 있다는 것이다. 광주소방서 중부119안전센터 뒤로 자작나무 사이에 해공의 동상과 선생이 남긴 어록들을 볼 수 있다. 신익희 선생은 이승만 대통령의 장기집권에 맞서 제3대 대통령 민주당 후보로 출마하여 '못 살겠다, 갈아보자'라는 구호로 활동했다. 그러나 1956년 5월 5일 호남

·· **해공 동상** 해공 신익희 선생은 교육 없이는 개인의 미래도, 민족의 독립도 불가능하다고 생각하여 생가에 광동의숙(廣東義塾)을 설립하여 의식 계몽운동을 했다.

권 유세를 위해 전북 이리로 향하던 중 열차에서 뇌일혈로 쓰러져 끝내 숨을 거두었다. 쓰러지기 이틀 전인 5월 3일 한강 백사장에서 열리는 이승만 자유당정권 규탄시국 연설회에 40여만 명이 운집했으니, 그의 지지도가 얼마나 높았는지 짐작케 한다.

신익희 선생은 어린 시절 큰형인 신규희에게 수학하여 사서삼경을 비롯한 한학과 유학을 익혔다. 서당에서 공부한 7년 만에 사서삼경을 모두 암송하였다고 하니 두뇌가 명석했음을 알 수 있다. 12살이 되던 1905년에 큰형이 신학문을 배울 것을 권유해 그는 머리를 깎고 검정 무명 두루마리를 입고 남한산성 공립소학교에 입학한다. 지금의 남한산성 초등학교이다. 이런 인연으로 해공의 흉상을 학교에서 볼 수 있다. 해공은 경기도 광주시 사마루에서 태어나고 그곳에서 유년시절을 보냈다. 사마루는 지금의 서하리로, 신익희 생가는 경기도기념물로 지정되어 광주시에서 관리하고 있다.

그는 교육이 없이는 개인의 미래도, 민족의 독립도 불가능하다고 생각하여 생가에 광동의숙(廣東義塾)을 설립하여 의식 계몽운동을 했다. 다음은 설립취지서의 한 대목이다.

> 땅에 종묘를 심고 김매고 북돋아 주지 않고서 그것이 자라지 않는다고 근심하는 것은 사람을 가르치지 않고 그 성숙을 재촉하는 것과 다르지 않다. (중략) 그 문지기까지 경서에

·· **이대통령 방문 기념식수 표석** 우남 이승만 전 대통령이 1953년에 방문하고 기념식수한 것을 기리기 위해 건립한 표석이다.

능통함이 한(漢)나라의 융성을 가져왔다. (중략) 사람은 배우지 않고는 어떤 일도 이룰 수 없다. (중략) 나라의 원기를 배양하고 후진들의 성공을 위해 이 강숙을 세운다.

생가의 뒤쪽으로는 그의 어록을 시비로 만든 11점이 보인다. 그 가운데 대통령 출마를 결심하고 "민주주의를 위기에서 구출해 내서(民主主義於 危機) 죽엄에서 되살아날 삶 길을 뚫자(起死回生之 活路)." 라는 글도 새겨져 있다. 생가 앞 도로는 해공로로 명명되어 자유민주주의를 수호하는 정치인으로 남았다. 이뿐만이 아니다. 광지원리에서 산성으로 오르는 도로 우측에는 해공의 추모비가 세워져 있다.

경쟁자였던 우남과 해공을 산성에서 만난다. 송수탑은 사라지고, 추모비는 남았다. 화려하던 송수탑은 형체도 알 수 없게 되고, 해공 추모비는 당당하게 사람들을 맞는다. "일평생 청렴, 결백하면 위엄과 품위가 스스로 나타나느니라." 하고 강조하던 해공은 그의 말처럼 다시 나타났다.

4장

옛모습에서 현재를 보다

성곽을 따라 걷다 보면

'남한산성의 성곽'이라는 말은 내가 알고 있는 단어 중에서 가장 순수하고 진실하다. 승자의 역사에서 진실함을 찾기보다 고난이나 패자의 역사에서 순수함과 진실을 만나기 때문이다. 순수한 역사를 만나러 가는 길에는 나도 모르게 고해성사를 하듯 끊임없이 고백하게 된다. 나보다 더 아픈 상처 앞에 누구에게도 얘기하지 못한 상처를 내보이며 위로받고 위안을 얻는다. 이 순간만큼은 진실에 가깝게 된다.

성곽은 그 의미만큼이나 모습도 아주 매력적이다. 끝없는 연속성이 주는 아름다움은 놀랍고 경이롭다. 끊이지 않고 이어지는 모습도 장엄하지만, 그 안에는 힘차게 움직이는 역동성이 있다. 멈춰 있지만, 멈춰 있는 것이 아닌 그 지점에서 감탄이 터진다.

어느 회사 광고는 '잘생겼다'를 외치지만, 성곽은 군더더기 없이 잘빠졌다. 도시에서 시간에 쫓겨 바쁘게 살다가 바라본 성곽은 그 자체가 그림이고 평화이다. 비가 온 뒤 운무에 싸인 성곽은 꿈속에 있는 듯 몽환적이다.

성곽이라는 말은 '성'과 '곽'이 합쳐진 말이다. 남한산성의 성곽은 본성과 외성으로 나뉘고, 외성은 다시 봉암성, 한봉성, 신남성으로 구분되는 복잡한 구조를 가지고 있다. 이렇게 본성과 외성으로 구분된 것은 병자호란을 겪고 난 후 군사적 목적으로 외성을 쌓았기 때문이다. 당시 적군이 한봉성이나 봉암성에 홍이포를 설치하고 본성을 한눈에 내려다보며 공격을 해 우리 측에게 불리하게 작용하였다. 본성에서 가장 높은 봉우리가 서쪽에 위치한 청량봉으로 약 497m인데 비해 한봉성이 414m이고 신남성이 542m, 봉암성이 515m로 높아 본성의 허실이 쉽게 노출되므로 이러한 피해를 방지하기 위해 외성을 쌓았다.

성곽의 최초 축조 시기는 문헌기록 상 통일신라시대로 거슬러 올라간다. 삼국사기에 '신라 문무왕 12년에 한산주에 주장성을 쌓았는데 둘레가 4,360보이다.'라는 기록이 있다. 2000년 토지공사가 남한산성 지표조사 과정에서 실시한 측량 결과와 거의 비슷한 규모라 확인되었다. 또 다른 기록에는 '신라 문무왕 12년에 성을 한주 동쪽 봉우리 위에 쌓고 이르기를 주장성이라 하였으며, 또 일장성이라고도 불렀다. (중략) 여지승람에 광주 일장산성은 신라 문무왕이 쌓은 것이라 하였으니, 주장성은 곧 남한산성이다.'라고 하였다.

2007년에 행궁 하궐 발굴 조사 때 통일신라시대 건물지가 확인됨으로써 신라가 당나라와의 전쟁에 대비해 처음으로 산성을 쌓은 것을 알 수 있다. 고려시대에는 남한산성에서 몽고군의 공격을 막아내었으며, 조선시대에 들어서 여러 차례 성벽을 새로 쌓았다. 따라서 남한산성을 통해 7세기부터 19세기에 이르는 시대에 따라 변화된 축성술을 볼 수 있다. 이러한 이유로 남한산성을 성곽의 교과서라고 부른다. 통일신라시대부터 조선 후기까지 다양한 축성 기술의 변화는 유네스코 세계유산의 등재기준 6가지 항목에서 4번째에 해당하는 '인류 역사의 중요한 발달 단계를 보여주는 건물, 건축술 또는 기술적인 총체'로서의 탁월한 사례로 인정받은 부분이다.

변화된 축성술을 만나보고 싶으면 남장대터에서 8암문을 통해 나가 9암문 구간까지 둘러보는 것이 좋다. 그 옛날의 성돌을 시기별로 감상할 수 있다. 옥수수알처럼 잘 다듬어진 성돌은 인조 때 쌓은 구간이고, 성벽 윗부분에 쌓은 성돌은 조선시대 이전에 사용된 성돌이다. 외성에 사용된 성돌은 크고 잘 다듬어지지 않는 돌인데, 숙종 때 쌓은 구간이다. 성돌의 크기가 커졌다는 것은 무거운 돌을 운반할 수 있는 기구가 사용되었을 것이라는 점을 짐작게 한다.

성안에서 걷다 보면 담장같이 보이는 것을 볼 수 있는데, 대부분 이것을 성곽이라고 착각한다. 이것은 여장(女墻)으로, 적으로부터 몸을 숨기고 외부의 적을 공격할 수 있도록 한 성곽의 부속시설물이다. 여장에는 직사각형으로 구멍이 뚫려 있는데, 1개에서 5개까지 볼 수 있다. 이것은 '총안'이라고 부르는데, 몸을 숨기고 총을 쏘는 구멍이다. 대체로 3개로 되어 있는데 가운데 구멍을 근총안이라 하여 성벽 가까이에 있는 적을 조준하기 위해 총안의 경사가 급하게 내려간다. 바깥쪽 2개는 '원총안'이라고 한다. 근총안과 원총안을 비교하면 조준하는 곳이 다르므로 경사도가 다르게 되어 있다. 선조의 지혜를 엿볼 수가 있는 부분이다.

산성의 꽃인 성곽을 제대로 감상하려면 성곽을 끼고 걸어야 한다. 휘어지는 능선을 따라 성곽을 축조했기 때문에 안과 밖이 만났다 헤어지기를 반복하고, 그러다가도 앞으로 쭉 뻗은 모습은 경쾌하고 시원하다. 봉암성에서 본성을 바라보면 가슴이 시원해진다. 용의 꼬리가 움직이는 듯 끝이 보이지 않을 만큼 이어져 있는 모습이 오래된 역사의 숨결을 보는 듯하다.

성곽을 끼고 돌았다면 이제는 성 밖으로 나가야 한다. 우익문(서문)을 통해 나서면 성곽이 얼마나 천혜의 요새지인지 알 수 있다. 반계 유형원은 동국여지지(東國輿地誌)에서 천작지성(天作之城)이라

· · 남한산성 성곽

·· **봉암성 여장** 적으로부터 몸을 숨기고 바깥의 적을 공격할 수 있도록 한 성곽의 부속시설물이다. 광주시 사진 제공

표현했는데, 사람의 힘으로 만든 것이 아니라 하늘이 만든 성으로 천혜의 요새라는 뜻이다. 감히 적이 침범할 수 없는 요새지임을 비로소 확인하는 순간이다.

그 옛날 살기 위해 죽기를 각오하며 싸웠던 성곽에는 지금은 빨간 담쟁이만이 담을 넘고 있다. 적을 향해 총구를 겨눴던 총안에는 무심한 풀들만이 바람결에 휘날리고 있다.

무망루를 보며 아픔을 기억하다

수어장대(守禦將臺)는 현존하는 건물 가운데 가장 화려하고 웅장한 건물로 경기도 유형문화재 1호로 지정되어 있다. 본성에서 가장 높은 곳인 해발 497m에 위치하고 있다. '지키고 막는다'는 뜻의 장대는 '장수'가 관측과 지휘를 하는 곳이다. 이름값답게 많은 사람이 이곳을 찾는다. S방송국의 사극 〈비밀의 문〉을 이곳에서 촬영해 스쳐지나며 본 적이 있다. 산성은 방송이나 영화 촬영 장소로 종종 이용되었던 터라 오래전에는 원주민들이 엑스트라로 출연하기도 했다고 한다. 이 사극 드라마의 주인공은 영조였는데, 드라마 내용과는 별개로 수어장대는 영조와 관련이 깊다. 영조에

의해 단층이던 수어장대가 2층으로 증축되었다. 조선의 21대 왕 영조는 선왕의 아픔이 깃든 남한산성을 방문하고 이곳에 오른다. 인조를 떠올리며 병자호란의 치욕을 되새김했음을 2층 편액에서 헤아릴 수 있다. 병자년에 겪었던 아픔과 북벌을 이루지 못한 효종의 원한을 절대로 잊지 말자는 뜻을 담아 영조는 무망(無望)이라 이름하였다.

선왕인 인조가 삼전도에서 청태종에게 세 번 절하고, 절할 때마다 세 번씩 이마를 조아리는 삼배구고두(三拜九叩頭)의 예를 올리며 항복했던 굴욕의 역사를 영조는 어째서 잊지 말자고 했을까?

탁 트인 전망에 드높은 하늘, 그리고 장엄하고 화려한 모습을 한 이곳에 오게 되면 무망이라는 글귀 앞에 마음이 무거워진다. 해설사로 일하기 시작한 초장기에는 답사객에게 병자호란에 관련해서 설명을 전하면 대부분 듣기 거북해했다. 어떤 사람들은 비아냥과 조롱 섞인 말로 받아치기 다반사였다. 그땐 그랬다. 우리가 우리의 역사를 단순히 결과론적인 시선으로 바라봤기 때문이다. 그러나 조선의 왕은 달랐다. 영조는 우리에게 역사를 통해 반성하고 다시는 가슴 아픈 일을 되풀이하지 말라는 말을 전하고 있다.

숙종의 장인이었고 광주 부윤겸 수어부사였던 김만기는 '만약에 혹시라도 풍경이나 구경하고 유람이나 탐하면서 다시는 감개하고 탄식하는 마음이 없다면 이는 이른바 양심을 잃은 자일 것이다. 써서 후인에게 경계하며 또 고하노라.'라고 서장대기(西將臺記)에서 말하고 있다.

2층 증축을 맡았던 광주유수 이기진 또한, 비통한 마음을 무망루기(無忘樓記)에 다음과 같이 전하고 있다.

"위에 자리 잡아 내려다보니, 멀고 가까움과 높고 깊음과 험하고 평탄한 형세가 더욱 잘 드러났는데, 길게 이어진 산봉우리와 너른 들판의 아득히 눈길 닫는 것들이 치욕의 유적 아님이 없었다. 슬프다! 고인들이 군부(君父)의 원수에 대해 누우면 창을 베고 앉으면 쓸개를 매달아 맛보아 고통을 겪고 고생을 다하여 오로지 잠시라도 마음속에서 잊을까 두려워했던 것은, 반드시 이처럼 한 다음에야 갈고 닦으며 분발하여 자신이 하고자 하는 바를 완수할 수 있기 때문이었다. (중략) 아! 뒷날에 나를 이어 부임하는 사람은 이 루(樓)로 하여금 항상 보존하여 허물어짐이 없게 한다면, 그 무망(無妄)의 뜻이 또한 아무리 세월이 오래되어도 다함이 없으리라는 것을 나는 안다."

조선의 왕과 사대부들은 가슴 아픈 역사를 잊을까 두려워했다. 영조뿐 아니라 숙종, 영조, 정조, 철종, 고종은 쓸개를 매달며 아픔을 잊지 않기 위해 이곳에 올랐다. 조선의 왕들은 역사의 치부를 감추려 한 것이 아니라 부끄러움을 알고 근신하였다. 부끄러움을 알 때 반성하고 성장하게 된다. 남한산성이 세계유산이 된 지금, 많은 사람이 이곳을 찾는다. 산성의 역사를 하나라도 놓칠세라 이야기에 귀를 기울인다. 나는 이러한 상황이 고맙지만, 원망하는 마음도 적잖이 있다. 왜 전에는 들으려 하지 않았는지 묻고 싶다. 이제는 양심을 되찾은 것인지도 모를 일이다. 달라진 역사는 없다. 역사의 한 부분인 치욕도 그대로다. 변한 건 사람이다. 아니 편향된 시각으로 역사를 바라보는 역사관이다.

이러한 의미를 간직한 무망루 편액은 2층에 걸려 있다. 그러나 2층으로 연결된 계단통로는 개방되어 있지 않아 원본을 감상할 순 없다. 대신 무망루 편액을 복사해서 보호각에 걸어두었다. 이 보호각은 이승만 전 대통령이 방문했을 때 심은 커다란 전나무 옆에 자리하고 있다.

많은 사람이 편액을 들여다보는데, 옆에서 지켜보고 있으면 대부분 편액 아래 크고 반듯한 안내석에 눈길이 먼저 가고 돌에 쓰인 안내문만 읽고 지나가기 일쑤이다. 그도 그럴 것이 번듯한 돌로 된 안내석이 건물 안 중앙에 떡 하니 차지하고 있으니 이것부터 봐야 할 것으로 보인다.

언제인가 보호각 건물 보수공사를 한 적이 있었다. 편액이 복사본이긴 해도 그 건물의 주인인 편액은 먼지 속에 방치되어 있고 커다란 안내석이 소중한 것인 양 덮인 것을 보았다. 작업자들이 보기에도 편액보다는 중앙의 돌이 더 중요하게 느껴졌나 보다. 주객의 전도였다. 한 공간에 두 개가 어정쩡하게 배치되어 보는 이로 하여금 헷갈리게 하고 있다. 지금이라도 안내석은 건물 밖에

·· **무망루 편액**

·· **무망루 보호각** 병자년에 겪었던 아픔과 북벌을 이루지 못한 효종의 원한을 절대로 잊지 말자는 뜻을 담아 영조는 무망(無望)이라 이름하였다.

설치하든지 안내석이 아닌 안내판으로 교체해야 한다. 그래야 비로소 무망이라는 두 글자를 가슴 깊이 새길 수 있지 않을까!

통비에 담긴 의미

지화문(남문)에서 약 200m 정도 남문주차장 방향으로 내려오면 차도가 보이면서 왼쪽으로 많은 비석이 보인다. 이곳은 남한산성의 비석을 한군데 모아둔 비석군이다. 그러나 이곳에서 답사객을 본 기억이 거의 없을 정도로 발길이 미치지 않는 곳이다. 안내판에는 '성내에는 18~20세기 무렵에 설치된 39여 기의 비석이 있다. 이중 본 부지(남문진입로) 내로 남한산성 행궁복원 사업에 따라 이전된 11기와 현 위치에 보존되어 있던 19기를 포함한 총 30기의 비석을 한곳으로 모았다.'는 것과 이곳에 있는 비석은 '역대 광주유수 및 수어사, 부윤, 군수의 비로 재직시 백성을 정성스레 돌

봐 치정을 잘했거나 사랑을 베풀어 선정을 한 분들에게 백성이 그들을 추념하며 세운 비'라고 설명되어 있어 관심 있는 몇몇 사람들이 읽어보고는 한다.

원래 선정비(善政碑)는 백성이 관리자의 공덕에 감사한 마음을 모아 세우는 것이다. 그러나 관리자에 의해 강제로 세우거나 관리가 부임하기도 전에 세워 놓는 등 본래의 의미와 다르게 후세에 이름을 남기겠다는 욕심이 더해져 세워진 비가 허다하다. 보통 비석에는 맡았던 벼슬과 이름과 함께 떠나고 난 뒤에도 생각한다는 뜻으로 '거사비', 또는 영원토록 잊지 않는다는 뜻의 '영세불망비', 관원의 공을 칭송한다는 의미로 '송덕비' 등을 새겨 넣는다. 돌이나 쇠에 글이나 그림을 새겨 넣었다고 해서 '금석문'이라도 하는데 역대 광주 유수, 부윤 등으로 거쳐 간 사람만 해도 600명을 넘으니 현재 남아 있던 비석보다 훨씬 많은 비석이 있었을 것이다.

당시에 광주 유수는 정2품의 높은 관직으로, 지금과 비교하면 경기도지사에 해당한다. 광주부가 가장 번창했을 때는 23개 면을 다스리는 큰 도시였다. 산성 안에 광주부의 치소를 두고 나라에 위급한 상황이 있을 때 조선의 임시수도로 기능을 담당했던 만큼 관리자 또한 다른 곳에 비해 품계가 높은 사람을 파견했다. 오고 싶다고 쉽게 올 수 있는 자리가 아니었다. 그런 만큼 이곳에 비석을 남기는 일은 더 명예로웠을 것이다.

비석군에서 가장 오래된 선정비는 부윤 김수홍의 청덕애민몰

세불망비(淸德愛民沒世不忘碑)로, 재임 기간은 1661년 6월(현종 2년)~1663년 4월(효종 4년)까지고 비는 사후 15년 뒤인 1705년에 건립되었다. 가장 늦은 시기의 비는 군수 강원달의 영세불망비로, 그는 1911년 6월~1915년 3월 광주 군수를 지냈다. 남성산조림계장 선영화 외 69명이 1932년에 건립했다는 내용이 새겨져 있다. 이용식 거사비도 건립 시기와 내용이 같은 것으로 보아 함께 세워진 것으로 추정된다.

이 비석들을 볼 때마다 가난한 백성이 쇠붙이를 모아 만들었다던 홍태윤의 선정비를 다시 볼 수는 없을까 하는 생각이 든다. 지수당에는 거북 형상의 비석 받침돌이 하나 있다. 비신은 사라지고, 빈 거북대좌만이 남아 있다. 거북대좌를 안내하는 글에는 '이 거북대좌는 남문 올라가는 길옆에 있던 것이다. 홍태윤이 광주 부윤으로 있을 때 사심없는 선정을 베풀어서 임기 후에 성내의 주민이 스스로 놋 쇠붙이를 내어서 녹여 만든 선정비가 있었는데 비는 일제가 군수용품으로 거두어가서 빈 대좌만 남게 되었다. 애민선정 4자가 새겨진 최선의 선정비였다. 홍태윤은 민비시해 시 항거하다 순직한 홍계훈의 아들이다.'라고 설명되어 있다.

디지털포천문화대전(포천시 향토문화 소개사이트)에서 홍태윤을 소개한 글을 찾아볼 수 있다. 홍태윤은 중인 출신이었으나 사람 됨됨이가 워낙 훌륭해서 고을의 수령을 거쳐 현관의 벼슬길에 올랐다. 출세한 후에도 지극히 겸허하여 현감의 위의(威儀)를 갖추어 행차하다가도 마을 어른이나 친족, 친구를 만나면 수레에서 내려 깍듯이 수인사(修人事)를 나누었다고 한다. 부임하는 곳마다 선정을 베풀어 지방의 백성이 송덕비를 세웠다는 글도 보인다.

1977년 8월 25일자 동아일보에 '우리말의 현주소'라는 제목의 글에 홍태윤의 선정비에 대한 기사가 있어 소개한다.

> 남한산성에 가면 침과정 앞 송덕비 행렬 가운데 비신 없는 빈 귀부가 하나 있다. 광주 부윤을 지낸 홍태윤의 선정비였는데 두드리면 쇳소리가 나고 정체를 알 수 없었다. 의아해 했더니 원위치 옆에 살던 약방주인이 일러준다.
>
> 정말 선정한 수령이 갈려 가면 집집이 숟갈총, 종자 같은 놋쇠붙이를 모아 그것을 모아 녹여서 비를 해 세우는데 그게 퉁비라는 것이다. 그러던 이 비는 일제 말 쇠붙이라 해서 걷어갔다. 그야말로 과유불급이라 가장 선정한 이의 비는 대석만 남다니!
>
> 퉁비? 퉁은(…) 언제나 낮은 질의 것을 가리킨다.

최고의 선정비이지만, 진정한 가치를 지닌 진짜는 푸대접을 받고 있는 현실에 씁쓸하기만 하다. 석비와 달리 쇳소리가 났을 퉁비는 고위공무원들이나 사회적으로 우위에 있는 사람들이 본받아야 할 미덕이다. 지위가 높다 해서 지위가 낮은 사람에게 함부로 대하는 권위적인 사람이나 부를 이용해서 군림하려는 사람들에게 통비는 진정한 선정(善政)의 의미를 생각하게 한다.

인조의 46박 47일

최고통치자는 하늘과 땅과 사람 이른바 천지인이 바로 세워지고, 그 중앙에 섰을 때 비로소 왕(王) 자가 그려지는 이치와 맞닿아 있는 존재이다. 왕이 머무르는 공간인 행궁(行宮)은 그런 왕이 머무르는 곳이므로 다른 건물과는 격이 다르다. 웅장하며 화려하다. 그러나 남한산성의 행궁에서는 절박함과 비참함, 참담함이 먼저 떠오르는 것은 병자년의 일을 잊지 못하기 때문일 것이다. 그래서 남한산성의 행궁으로 가는 길에는 여느 답사길에서 가지는 기대감이나 설렘이 느껴지지 않는다.

행궁에서 제일 먼저 만나는 정문인 한남루는 거대하고 웅장하다. 기록에는 한남루를 건립하고 드디어 '삼문삼조(三門三朝)'의 법도를 세웠다고 밝히고 있다. 삼문삼조란 궁궐을 지을 때 원칙적으로 따라야 하는 기준이다. 세 개의 문을 거쳐야 비로소 정무를 보는 정전(정전)을 만난다. 신하들의 공간인 외조(外朝)와 정사를 보는 공간인 치조(治朝), 그리고 임금의 침소인 연조(燕朝)로 해서 구역을 삼조(三朝)로 구별하였다. 행궁인데도 이렇게 궁궐의 기준을 따른 것은 이곳이 유사시 보장지(保障地)로 중요한 곳이기 때문이다. 이러한 법도 위에 세운 정신은 무엇이었을까? 이 질문에 대한 해답을 나는 기둥마다 걸린 주련(柱聯)에서 찾는다. 그런데 모두가 한자로 되어 있어 그 의미를 되새기는 데 어려움이 있다.

주련의 내용을 풀이하면 다음과 같다. "한성을 지킴에 용과 호랑이의 비법으로 백 리 지역을 지키며 맹수와 같은 용사를 보도다. 훌륭한 관리는 임금의 은덕을 널리 퍼트리고 대장군은 아랫사람을 위엄과 인의로 다스리네. 이 땅에서 잠업과 보장을 겸하지만 한가한 날에는 노래하며 투호놀이도 한다네. 비록 원수를 갚아 부끄러움을 씻지 못할지라도 항상 그 아픔을 참고 원통한 생각을 잊지 말지어다."

누구든 이곳을 지나거나 이용할 때마다 이 글귀를 되새길 수밖에 없다. 이 글이야말로 남한산성과 행궁을 잘 말해주고 있다고 해도 과언이 아닐 것이다. 비록 그 내용이 장엄하거나 천하의 제일가는 내용이 없고 수치스런 지난 일을 되뇌고 있어 보는 이에

·· **한남루 주련** 행궁에서 제일 먼저 만나는 정문으로 거대하고 웅장하다. 기록에는 한남루를 건립하고 드디어 삼문삼조(三門三朝, 궁궐을 지을 때 원칙적으로 따라야 하는 기준)의 법도를 세웠다고 밝히고 있다.

따라서는 비루해 보일지 모른다. 그러나 마지막 구절인 '縱未能復讐雪恥(종미능복수설치) 恒存着忍痛含冤(항존착인통함원)'은 '비극적 사실을 받아들이고 분노의 감정을 참아 시간이 흘러가도 그 사실만은 잊지 말라'는 상처에 대한 치유와 회복을 바라는 글귀로 마무리한다.

나는 남한산성의 역사를 여기서 재발견한다. 이 글은 비극의 연속으로 향하는 것이 아니라 비극의 해결책을 제시해주고 있다. 우리도 남한산성을 이렇게 볼 일이다. 오죽 왕이 못났으면 적에게 머리를 조아렸겠느냐는 식의 자기 비난보다는 사실 그대로를 받아들이되 분노를 넘어 마음에 새기고 반성하는 자세를 가져야 한다.

한남루를 지나 높은 계단 위에 외삼문이 보인다. 한남루를 세우기 전에 행궁의 정문 역할을 했던 두 번째 문인 외삼문(外三門)을 지나면 중문을 거치게 된다. 이렇게 3개의 문을 지나 정무를 보는 치조 영역에 이르게 된다. 드디어 치조(治朝)의 대표적 건물인 외행전을 만나게 된다. 평상시에는 광주유수부의 치소로 사용되었으나 유사시에 왕이 행차하면 이곳에 머무르게 되므로 임시 궁궐로 기능하게 된다. 병자호란으로 인조가 이곳에 머무르는 기간에는 주요 신료들을 만나 정치적 활동을 하는 정무공간이었다. 건물 지붕의 합각 부분에 한자로 다스릴 치(治)자를 장식해둔 것을 볼 수 있다.

이제는 행궁에서 가장 깊숙한 곳인 내행전(內行殿)을 만나볼 차례이다. 내행전은 왕의 일상생활 공간으로, 궁궐의 배치 기준으로 보면 연조 영역이다. 지금은 대부분 행각으로 통하는 문이 열려 있고 탐방객들이 모여 있어 조금은 들뜬 분위기이지만, 과거에는 행각으로 통하는 문의 사용은 엄격히 통제되었다. 남행각으로 통하는 문을 눈여겨보면, 남행각으로 바로 통하는 것이 아니라 담이 설치되어 있어 내행전과 엄격한 경계를 둔 것을 알 수 있다. 인조에게 이 공간은 싸울 것인가, 말 것인가로 잠을 이루지 못했던 번민의 공간이다. 군왕의 도를 따라 끝까지 사직을 지키며 죽음을 택하는 것과 항복문서에 신하 신(臣)자를 넣어 사초의 못난 임금으로 남을 것인가를 두고 갈등해야만 했다. 전자가 유교 윤리적인 면에서 의로운 결정이며 살아서도 죽어서도 임금으로서 비난받지 않을 선택이라면, 후자는 살아서도 죽어서도 굴욕과 비난이 따르는 결정이라는 것을 생각하고 또 생각했을 것이다. 죽어서 살 것인가, 아니면 살아서 죽을 것인가. 과연 내가 인조라면 어떤 선택을 했을까?

고지도 속 남한산성 1

영남대학교 박물관에 소장된 '남한산성도'를 통해 남한산성의 옛 모습을 찾아볼 수 있다. 이 지도에서는 성곽을 표시한 테두리 선에 12지를 방위개념으로 표시했다. 간지(干支)는 하늘을 형상화한 '간'과 땅을 형상화한 '지'로 나뉜다. 깃발이 그려진 북장대부터 적색으로 자(子) 자가 쓰여 있다. 자(子) 자를 시작으로 시계 방향으로 축(丑), 인(寅), 묘(卯), 진(辰), 사(巳), 오(午), 미(未), 신(申), 유(酉), 술(戌), 해(亥) 12지로 나뉜다. 여기에 재미있는 사실이 숨겨져 있다. 대각선으로 마주 보는 방위를 서로 연결하면 만나는 교차점에 종각(鐘閣)이 위치하고 있다. 다시 말해 축과 미, 술과 진, 이런 식으

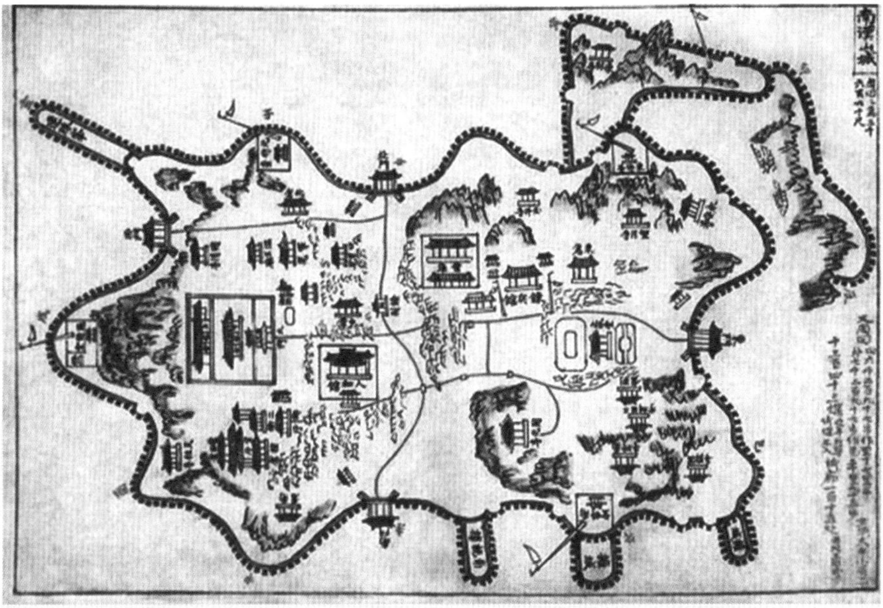

·· **남한산성도(南漢山城圖)** 조선 17세기 후반 남한산성의 모습을 알아볼 수 있는 귀중한 자료다. 영남대학교 박물관에 소장돼 있다.

로 연결하면, 산성의 중심에 종각이 있다는 것이다. 현재 종각은 2011년에 건립되었다. 2012년 1월 10일에 마을회가 이곳에서 고유제(告由祭)를 지냈다. 나는 집에 있는 황태포를 제에 올렸던 기억이 난다. 고지도를 통해 예전의 종각 위치가 어디쯤인지 가늠해볼 수 있다.

장수의 지휘처소인 장대에는 깃발 꽂은 모습을 그려 넣어 이 시기에 총 5개의 장대시설물이 있었다는 사실을 알 수 있다. 지도의 중앙 우측으로는 연병관이 보이고, 건물 양쪽으로 깃발을 두어 군사적으로 엄격한 시설물임을 강조하고 있다.

지도에서 제일 먼저 눈길을 끄는 것은 세 개로 나누어 표현된 건물이다. 옛날이나 지금이나 한 영역을 크게 차지하고 있다는 것은 '힘을 가진다'는 의미와 별반 다르지 않다. 권력이나 경제력이나 사회적 영향력을 가진 사람의 거처인 경우가 많다. 역시나 이곳은 남한산성 행궁으로, 왕의 임시 시어소(時御所)이며 치소로, 상객사(上客舍), 하객사(下客舍), 중대문(中大門), 대문(大門)으로 표시되어 있다. 행궁의 제일 뒷건물인 상객사를 자세히 살펴보면 우측으로 살짝 그려진 건물이 보이는데 재덕당(在德堂) 건물을 표시한 듯하다. 지금의 행궁 정문인 한남루는 보이지 않는다. 이 지도는 한남루가 건립되기 전에 그려진 것으로, 이때는 지금의 외삼문이 대문 역할을 했다. 행궁 뒤쪽으로 그려진 청량산의 모습도 매우 웅장한 기운을 내뿜는다. 지도상으로도 엄연히 구별되는 위엄과 질서가 전해진다. 청량산에는 서장대의 모습도 보인다. 서장대에는 2층의 무망루 건물을 별도로 표시해두어 무망루가 있었던 시기를 통해 지도의 제작 시기를 가늠해볼 수 있다. 꽤 상세하고 정확하게 그려진 지도다.

행궁 옆에 인화관(人和館) 건물이 보인다. 인화관을 마주 보고 중영(中營)이라고 쓰인 건물이 보이는데, 예전에 관리사무소와 남한산성사업단이 있던 자리다. 중영은 중군(中軍)의 집무처이며, 중군은 종사관보다 위에 있는 관리로 19세기 말에는 이곳에 악공청(樂工廳)이 위치하게 된다. 악공청은 왕의 행차나 연회, 군사훈련 등에서 취고수(吹鼓手) 역할을 맡았다.

중영 건물 뒤로 구군기(舊軍器)와 군기(軍器)가 보이는데, 현재의 침괘정에 해당된다. 온왕묘(溫王廟)는 지금의 숭렬전으로, 당시에는 온왕묘로 불린 것을 알 수 있다.

지도에는 개원사, 옥정사, 망월사, 국청사, 천주사, 한흥사, 남단사, 동림사, 영안사 9개의 사찰이 보이는데, 장경사가 영안사로 표기되어 있다. 사찰의 위치를 보면 전부 암문 가까이 두어 사찰의 역할뿐 아니라 승영사찰(僧營寺刹)의 역할을 함께 한 것을 짐작해볼 수 있다.

동문 가까이 보이는 네모난 모양은 지수당이다. 그 뒤쪽으로 삼신사우(三臣祠宇)라고 표기된 건물이 보이는데, 당초 이곳이 삼학사의 위패를 모신 건물이다. 17세기 말까지는 삼학사를 남단사

(南壇寺)와 별창(別倉) 사이 삼신사우에 모신 것을 현재의 위치로 옮겨 건립하고 현절사라 한 것을 고지도를 통해 비교해볼 수 있다. 그 외 옹성이며 암문의 표기 등 이 지도는 성곽과 성내 건물들을 자세하게 설명해주고 있다. 지도의 오른쪽 아래에는 적색으로 성곽의 안과 밖의 둘레를 적어두었다.

이렇게 섬세한 고지도는 두껍게 쓰인 사료만큼이나 중요한 사실들을 알려 준다. 이렇게 남한산성의 옛 모습을 자세히 알 수 있는 지도가 잘 보존돼 있다는 것이 너무나 감사하다.

고지도 속 남한산성 2

앞서 봤던 17세기 후반 지도와 남한산성실황도를 비교해보면 약 200여 년의 시간이 지나서 산성의 모습이 어떻게 변했는지를 비교하며 볼 수 있어 흥미롭다. 마을을 지날 때면 아주 오래전에는 어떤 모습이었을지 상상하며 걷는 재미가 있다. 같은 공간에서 다른 인생을 살다간 수많은 사람의 숱한 이야기가 시공간에 흘러다닌다. 이런 즐거운 상상을 더해주는 것이 고지도다. 고지를 읽는다는 게 한자로 표기되어 있어 어렵기는 하지만 남한산성의 예전 모습을 구체적으로 그려볼 수 있어 매우 흥미롭다.

이번에 소개하는 지도는 '남한산성실황도'이다. 정확한 연대는

·· **남한산성실황도** 19세기 말의 산성 모습을 확인해볼 수 있다. 현재 한국학중앙연구원 장서각에 소장돼 있다.

확인되지 않지만, 지도에 그려진 건물의 건립 시기 등을 고려해 볼 때 19세기 말의 산성 모습인 것으로 추정된다. 지도에서 적색으로 연결된 선은 성안의 도로망을 표시하고 있다. 인화관에서 내려오는 물줄기와 국청사에서 내려오는 물줄기가 합쳐져 지수당에서 합류하여 수구문을 통해 흐르는 모습을 볼 수 있다. 지수당의 연못도 4곳이 그려져 있어 고지도보다 1곳이 더 늘어난 것을 알 수 있다. 200여 년이 지난 지금의 지수당을 지도로 그린다면 연못 2곳을 그려야 한다. 그리고 동쪽의 연못 2곳은 밭으로 그려질 것이다.

이 지도에서 눈여겨볼 만한 것은 사직과 우실의 모습이다. 좌전은 우리나라 행궁 가운데 유일하게 남한산성 행궁에서만 볼 수 있는 건물로, 유사시 종묘의 신주를 모셔놓을 봉안처의 기능을 담당했던 곳이다. 이 좌전이 행궁의 바로 좌측에 배치되어 있고 남문 아래쪽에 우실이 보인다. 우실은 임금이 백성을 위해 토지의 신인 사(社)와 곡식의 신인 직(稷)에게 제사를 지내던 곳으로, 현재 우실터는 복원되지 못한 상태이다. 특이한 점은 이러한 사직단이 한 곳 더 있었다는 점이다. 산성은 광주부 읍치로서, 고을에서 제를 올리던 사직단이 남단사와 한흥사 사이에 보인다. 행정의 중심이었던 읍치에서 올리던 사직단과 비상시 임시 수도처로 국가 사직인 우실을 함께 찾아볼 수 있다.

행궁 아래쪽으로 성기고(城機庫) 건물이 보인다. 지금의 종로 로

타리 부근에 위치한 성기고는 성의 수리를 담당했던 곳으로, 임금을 업고 올라온 서흔남이 이곳에서 기와를 얹고 쇠를 담금질하는 것을 직업으로 삼았다고 중정남한지(重訂南漢志)에 기록되어 있다. 성기고를 생각하면 이곳을 오갔을 서흔남의 모습이 떠오른다. 서흔남은 노비의 신분으로 나라에 공을 세워 통정대부의 품계에 오른 전설적인 인물이다. 지수당 앞 그의 비석에는 많은 사람이 찾아와 그를 만나고 간다.

앞서 소개한 '남한산성도'에서는 장경사가 영안사로 표기되어 있었는데, 이 지도에서는 정확하게 장경사로 표기되어 있다. 또 한봉에 가장 늦게 지어진 영원사도 보인다.

연무관 뒤쪽으로 보이는 건물은 이아(貳衙)로, 이아는 광주읍치의 행정을 담당한 실무적인 관청이다. 애초 행궁 옆에 있었던 관아건물들이 이 시기 전후에 옮겨져 관리체제에 따라 이전이나 통폐합된 변화를 볼 수 있다. 이아 왼쪽의 영고(營庫) 위치는 지금의 남한산 초등학교 자리가 된다. 삼학사를 모신 사당인 현절사가 이 시기에 잘 표현되어 있어 17세기의 삼신사우 건물이 이후에 새로 세워진 것을 알 수 있다. 적색으로 표현된 도로들은 현재에도 큰 변화 없이 사용되고 있는 도로들로, 옛 지도를 들고 답사해도 무리가 없을 정도다. 답사를 두 배로 즐기고 싶다면 이제부터는 고지도도 함께 챙겨보기를 권한다.

사진으로 보는 남한산성

몇 해 전에 산성과 관련된 사진이나 문서를 전시한 남한산성 특별사진전이 개최된 적이 있다. 산성 주민이 가지고 있는 사진들을 전시하여 한 장 한 장 살펴보는 재미가 굉장했다. 사진 속에서 젊은 시절의 산성 어르신들을 만나기도 하고, 몇십 년 전 마을의 모습을 고스란히 만나볼 수 있었다. 점잖은 산성 어르신이 추억 속 사진에서는 앳된 모습으로 불량스런 자세를 취하고 있어서 웃음을 참을 수가 없었다.

행궁의 한남루를 지나 계단을 오르고 만나게 되는 문은 외삼문(外三門)이다. 이곳의 문 안쪽에는 산성의 옛 모습이 담긴 사진들을 상시 전시하고 있다. 여러 사진이 전시되어 있는데도 그냥 휙 둘러보는 관광객들이 많아 안타깝다. 남한산성의 중요한 가치는 이곳이 과거에 갇힌 역사가 아니라 현재도 살아 숨 쉬는 역사라는 것이다. 이 사진에서는 마을 주민의 모습은 볼 수 없어 아쉽지만 과거와 현재의 남한산성을 비교해볼 수 있는 중요한 자료이다.

광주읍내 및 행궁부에 전시된 사진은 지금으로부터 약 100여 년 전의 산성 모습이다. 수어장대에서 동쪽을 바라보면서 찍은 사진으로, 아래쪽에 남한 행궁의 모습이 보인다. 다른 초가집과 달리 번듯한 기와의 넓은 집으로 행궁을 모르고 보더라도 이 집이 높은 사람의 집이란 것을 단박에 알 수가 있다. 행궁 뒤쪽으로 내행전의 지붕과 연이어 외행전의 지붕이 보이고, 그 앞으로 외삼문이 보인다. 우리가 지금 사진으로 보고 있는 장소가 이 외삼문 안쪽것이다. 중앙에 솟아 있는 지붕이 외삼문이고, 양옆으로 기와지붕이 이어져 있다. 이것이 행랑으로 왼쪽이 북행랑이고, 오른쪽이 남행랑이다. 눈을 크게 뜨고 자세히 보면 이 둘의 지붕 넓이가 다름을 알 수 있다. 남행랑의 끝 부분이 좀 더 높이 올라가 있다. 사진의 외삼문을 자세히 들여다보면 현재의 모습과 똑같은 것을 알 수 있다.

남겨진 사진이나 그림으로 지붕의 형태, 건물의 구조 등을 면밀하게 확인할 수다. 이런 기초자료들을 활용하여 부서지고, 낡은 것들은 최대한 옛 모습과 가깝게 재건할 수 있다. 발굴조사로 찾

·· **광주읍내 행궁부 사진** 20세기 초 남한산성 행궁부 모습을 확인할 수 있다. 국립중앙박물관에 소장돼 있다.

아낸 문지에는 건물의 윗부분까지 자세하게 기록돼 있는 경우가 드물기 때문이다.

북행각 안쪽으로 보이는 기와지붕이 일장각이고, 내행전 좌측으로 보이는 지붕이 좌승당 건물이다. 행궁 건물 좌측으로 좌전이 넓게 자리하고 있다.

내행전 우측 담장 바로 넘어 느티나무가 보이는데, 지금도 이 느티나무가 그 자리 그대로 있다. 마을 어르신이 이 나무가 마을의 서낭당 나무였다고 알려주셨다. 나무에 불이 난 적이 있었는데도 살아남아 잘 버티고 있다니, 왠지 나무에 대고 소원을 빌면 이루어질 것만 같은 생각이 든다. 행궁의 외삼문을 나가 길을 따라 내려가다 우측으로 보면 멋진 기와집이 보인다. 이 건물은 인화관으로, 현재 인화관 건물이 들어서기 전에 호텔이 있었던 자리이다.

행궁의 외삼문 앞으로 약간 올라온 산등성이에 침괘정 건물이 보인다. 그 너머 흰색 벽의 기다란 건물이 남한산 초등학교 자리이다. 바로 위쪽으로 넓은 공터가 보이는데, 지금의 연무관 앞으로 연병장의 모습도 확인할 수가 있다. 많은 민가가 있는 것으로 보아 광주군청이 1917년경 이전하기 전의 산성 모습을 담은 사진이다.

고지도와 달리 사진은 실제 건물이나 도로 등의 모습을 볼 수 있어 오래될수록 귀중한 자료이다. 지금은 휴대전화로 수많은 사진이 남겨져 조금만 짬을 내면 변화된 모습들을 확인할 수 있다. 나의 기억 속 십여 년 전의 산성 모습과 지금만 비교해보더라도 참 많이 변했다. 산성의 입장료가 폐지되기 전까지 성곽의 모습을 상징하는 매표소가 있었다. 지금 생각해보면 사진으로 남겨뒀으면 좋았을 텐데 아쉬움이 크다.

5장

산성엽서

반갑고 고맙고 기쁘다,
여기가 꽃자리이구나

몇 해 전에 나는 아파트 생활을 정리하고 산성으로 이사를 왔다. 햇볕이 잘 드는 남향이고 무엇보다는 마당이 있고 밭으로 만들 만한 뒤뜰도 있어 마음에 들었다. 아쉬운 점이 있다면 대문도 없고 상수도도 들어오지 않아 지하수를 먹어야 했다. 지하수 저장통의 뚜껑은 아무나 들 수 있을 정도로 가벼운 걸로 덮어놓아 이렇게 사용해도 되나 싶은 생각이 들었다. 나중에 알았는데 우리 앞집까지는 상수도가 들어왔다. 앞집에는 약 육십대로 보이는 부부가 살고 있는데 아주머니 얼굴을 몇 번 뵌 적이 있다. 인상 좋은 아주머니는 새로 이사 온 이웃에게 따로 해줄 것은 없고 보아하니 빨랫줄이 필요할 것 같다며 아저씨에게 달아주라고 했다. 마당이 있는 집이긴 해도 빨랫줄을 생각해보진 않았다. 빨래건조대를 사용하면 될 일이었다. 어찌되었건 앞집 아저씨는 긴 장대를 주워오더니 금세 긴 빨랫줄을 완성했다. 그땐 빨랫줄도, 앞집 부부의 마음 씀씀이도, 고맙기보다는 왠지 불편하고 어려운 마음이 들었다.

그렇게 빨랫줄로 시작된 인연으로 서로 앞집, 뒷집 하며 6여 년을 살았다. 그 사이 빨랫줄을 만들어주신 부부의 마음이 어머니 아버지의 마음인 것을 아는 데는 그리 오랜 시간이 걸리지 않았다. 빨랫줄은 서대, 양태, 숭어, 조기들을 사다가 꼬들꼬들하게 말리는데 요긴하게 사용되었다. 이 일로 동네 고양이들의 애간장을 태우기도 했다. 이후에는 개도 키우고 닭, 칠면조, 토끼들도 사다 키웠는데 정작 갖다 놓기만 했지 신경 써서 키우지 못하는 것을 알고는 앞집 아줌마와 신라회관 사장님이 많이 챙겨주셨다. 어찌나 잘 챙겨주었던지 어느 날 칠면조를 잡으려고 보니 살이 포동포동한 것이 내 손으로 들기도 버거웠다. 넓적다리 하나만 해도 큰 토종닭 한 마리 크기여서 이웃들과 나누고도 남은 양이 한 솥이었다.

앞집 아주머니는 마음씨만큼이나 음식 솜씨도 좋아 무, 장아찌, 김치, 나물, 산에서 캤다는 버섯 등 이것저것 많이도 챙겨주셨다. 우리는 아침이면 평상에 앉아 모닝커피가 아닌 모닝곡주로 하루를 시작했다. 앞집 아주머니는 커피 타는 솜씨도 일품이어서 지금도 생각이 나면 종종 커피를 마시러 간다.

날이 좋은 오월부터는 마당의 파라솔 아래서 밥도 먹고 평상에 누워 책도 보고 늦은 저녁까지 지낸다. 마당이 집이고, 집이 마당에 딸린 창고가 된다. 집이 된 마당에는 진달래, 개나리, 복사꽃, 라일락을 한 아름 꽂아둔 항아리도 있어 제법 분위기를 낸다. 어느 날인가 하룻강아지 범 무서울 줄 모른다는 우리 집 강아지가 항아리를 박살 냈다. 아끼던 항아리라 그냥 버릴 수가 없어 한 조각에는 작은 들꽃을 옮겨 심고, 다른 조각에는 딸아이가 그림을 그렸다. 우리 집은 사람들이 잘 다니지 않는 길목에 있는데 때마침 한 아저씨가 앞을 지나가며 약초 캐는 일을 한다며 우리 모녀에게 작은 산삼 몇 뿌리를 건네주고 사라졌던 기이한 일도 경험했다.

눈이 많이 내리는 날에는 위험해서 외지인들이 산성에 들어올 수가 없다. 이런 날에는 마을 어른들은 눈을 치우느라 힘들지만, 아이들이 놀기에는 이보다 더 좋을 수 없다. 눈썰매도 타고, 하늘을 보고 누워 뒹굴며 외지인들 눈치 안 보고 실컷 노는 날이다.

뭐니 뭐니 해도 산성살이에서 내가 한 가장 놀라운 경험은 산성살이 10여 년 만에 한옥 집을 지은 것이다. 집을 짓는 과정은 생각처럼 재미있고 아름답지 않았다. 가장 큰 문제는 재정적으로 힘들었던 것이고, 소소하게는 비가 오면 잡아놓았던 일정이 뭉개져 일이 진행되지 않아 1년에 짓기로 했던 것을 6개월이 늦어져서 완

산성살이

성할 수 있었다. 지금도 그때를 생각하면 너무 힘들어서 다시는 집을 짓지 않겠다고 다짐한다.

드디어 완성된 집에 들어가서야 발을 편히 뻗었다. 기적은 이런 일을 두고 말하는 게 아닐까? 마루에 누우니 대들보의 글귀가 보인다. 대개 상량문(上樑文)이라고 하면 글자가 반듯하고 멋스럽다. 그에 비해 우리 집 상량문의 글자는 우습고 재미나다. 상량식이 있을 때 대들보 글을 누구에게 부탁할지를 놓고 고민하다 우리보다 더 오래 이 집과 인연을 맺을 당시 5학년이던 딸아이에게 글을 쓰게 했다. 문제는 형식이었는데, 보통은 한자에 화재(火災)를 누르기 위해 거북 귀(龜)자와 용 용(龍)자를 앞뒤로 새겨야 했다. 초등학생인 딸아이가 따라 쓰기에는 어려운 글자여서 고민 끝에 모든 글자는 한글로 쓰게 하고, '용'과 '귀'자는 그림으로 그려넣기로 했다. 딸아이는 한 자 한 자를 힘을 주어 정성을 다했다. 어린 아이가 생각해도 아주 중요한 일이라고 느낀 듯했다. 그날 상량식에 온 마을 어르신들은 이 광경을 보고 혀를 내두르기도 하고 신기해하기도 했다. 어른들의 눈에는 장난같아 보였을 수도 있었을 것이다. 그래도 지금 생각해보면 정말 잘했다 싶다. 읽기도 쉽고, 모르는 사람이 쓰는 것보다 의미 있게 다가온다. 대들보에는 '반갑고 고맙고 기쁘다. 이곳이 꽃자리이구나.'라는 구상 시인의 〈꽃자리〉에서 한 구절을 옮겨와 적었다. 이보다 더 이 집을 잘 설명하는 말은 없을 것 같다.

돌이켜보면 산성으로의 이사가 무모한 선택이었고 항상 즐거운 일만 있었던 것은 아니지만, 한 번도 후회하지 않았던 내 인생에서 잘한 선택이었다.

나의 속도에 따라 하루를 살 수 있고, 자연과 함께할 수 있고, 무엇보다도 하늘과 가깝게 사는 마을 사람들을 만났다. 내게 있어 산성살이는 축복이고, 순간순간이 감동이다.

유네스코 세계유산 인증서 받던 날!

2014년 8월 28일, 유네스코 세계유산센터장인 기쇼라오 소장이 세계유산인증서를 직접 전달하기 위해 남한산성을 찾았다. 인증서를 받는 장소는 고유제(告由祭)가 진행되는 숭렬전이었다. 숭렬전은 백제의 건국시조 온조왕을 모신 사당으로, 봄, 가을 제향을 지내는 곳일 뿐 아니라 이곳에 산성의 크고 작은 일들을 가장 먼저 알리는 것이 마을의 오래된 전통이다. 숭렬전은 경기도 유형문화재 제2호이고, 온조왕제향은 2008년 4월 21일 광주시 향토문화유산 무형문화유산 제1호로 지정되었다. 예전만 하더라도 남한산성문화제의 시작은 온조왕 제향일에 맞춰 진행되었다. 제례는 전통

행례의식에 가까운 형태로 엄숙하고 진중하게 진행된다.

시대의 변화에 따라 형식의 변화를 모두 허용한다면 온전한 전통문화라 할 수는 없을 것이다. 이날의 고유제는 숭렬전의 제향의식 절차에 따라 진행되었다. 일반인들은 알아듣기 어려운 말로 의식이 진행되어 오랜 옛날로 돌아간 듯한 착각이 드는 순간이다.

제일 먼저 향을 피우는 전폐례(奠幣禮)가 진행되고, 헌관들이 술을 올리는 헌례(獻禮)를 한 다음 음복례(飮福禮)가 진행되고 제상에 올려진 제수를 거두는 철변두(撤籩豆)가 진행된다. 마지막으로 망료례(望燎禮)라고 해서 제례에 쓰인 축문과 폐백을 태우면 모든 의식을 마치게 된다.

그 가운데 헌례 의식에서 세 번에 걸쳐 술을 올리게 되는데, 그 첫 번째 술을 올리는 것을 초헌례라 한다. 두 번째를 아헌례, 세 번째 술을 종헌례라 한다. 세 명의 헌관들이 의식에 맞춰 신위전에 올리는 의식으로, 초헌관을 광주시장이 맡고 아헌관과 종헌관은 문화원장 또는 숭열전참봉 등 지역 주민이 맡아왔다. 조선의 전례를 따른다면 초헌관은 경기도지사가 제관을 맡는다. 2006년도에는 초헌관을 김문수 도지사가, 아헌관을 조억동 광주시장이, 종헌관을 이은수 숭렬전참봉이 제관하였다.

이날 고유제에는 인증서를 전달하기 위해 참석한 기쇼라오 소장이 종헌관을 맡았다. 강당에 붙여진 제관들의 임무가 적힌 분정기에서 종헌관에 '유네스코 기쇼라오'라고 적힌 이름을 한글로 확인할 수 있었다.

남한산성이 세계유산이 되고 보니, 조상에게 세계유산에 등재되었다고 알리는 고유제도 세계적으로 되는 듯싶다. 만약 '유네스코 세계유산센터장이 여성이었다면 어땠을까? 제례에 직접 참여할 수 있었을까? 제관복은 어떻게 준비했어야 할까?' 하는 여러 가지 생각이 들었다. 나는 이제껏 여성이 장을 맡아 제관으로 참여한 것을 남한산성 제향에서 본 적이 없다.

고유제를 지내기 전 숭렬전 강당에서 나선화문화재청장을 비롯한 기쇼라오 소장은 준비된 전통차인 황금계와 떡과 다식을 먹으며 담소를 나누었다. 이후에 제관의 품위에 맞는 복식을 갖춰 입었다. 그는 8월이라 무더운 날씨임에도 제관복을 갖춰 입는 내내 짜증을 내거나 싫은 내색 한 번 보이지 않았다. 방송사의 뜨거운 취재 열기로 실내는 더 덥게 느껴졌다. 기쇼라오 소장은 한 시간이 넘게 진행되는 고유제 내내 겸손한 태도로 헌관의 역할을 수행했다. 그가 진심으로 마음을 다하고 있다는 것을 마주 잡고 있는 손 모양을 보고 알 수 있었다. 우리나라 전통예절인 공수(拱手)라고 해서 남자는 왼손이 오른손 위에 오도록 해야 한다. 이 공수법을 모르면 실수를 하게 된다. 소장의 맞잡은 손은 공수법을 따르고 있었다. 남한산성이 세계문화유산으로서 지니는 가치를 누구보다 잘 아는 그였기에 예를 갖춤에 흐트러짐이 없었다.

유네스코 세계유산위원회는 2014년 6월 22일 카타르 도하국립

컨벤션센터에서 열린 제38차 회의에서 남한산성을 세계문화유산에 등재하기로 결정했다. 세계유산으로 정식으로 이름을 올린 등재일을 인증서에서 확인할 수 있다. 이날 전달받은 인증서는 현재 남한산성 세계유산센터에 있다. 누구나 인증서를 볼 수 있게 원본을 그대로 본떠 제작하여 세계유산기념석에 사용했다.

종로 로터리에서는 둘로 나뉜 돌을 볼 수 있는데, 이 자연석이 남한산성 세계유산기념석이다. 당초 이 돌은 현절사 앞에 있던 자연석으로, 그 형태 그대로 가져와 사용되었다. 이 기념석은 화강암으로 만든 다른 곳의 기념석과는 달리 자연석을 그대로 사용하여 주변 공간과 잘 어우러져 편안하고 아늑한 느낌을 준다. 기념석을 보면 남한산성을 세계유산목록에 등재한다는 내용과 등재일자가 2014년 6월 25일인 것을 확인할 수 있다. 영문으로 남한산성이라고 쓰인 돌에는, 일렬로 쐐기를 박아 돌을 떼어내었던 채석의 흔적이 고스란히 남아 있어 석공들의 지혜를 엿볼 수 있다.

유네스코 세계유산 인증서 받던 날

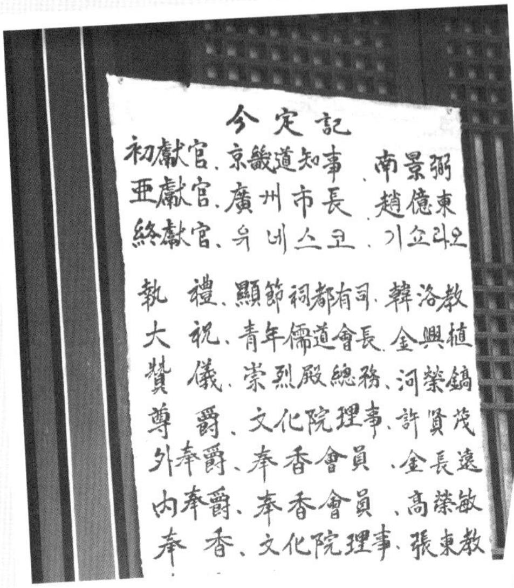

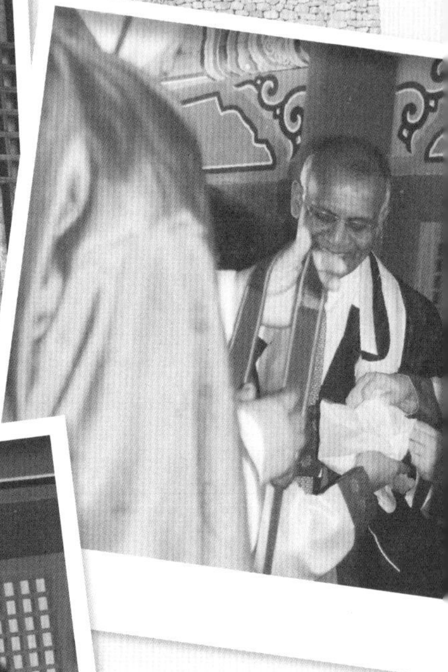

세계유산
남한산성

남한산성을 더 가깝게 여기고, 자주 찾아주기를

: 광주시장 **조억동**

남한산성은 봄, 여름, 가을 그리고 겨울 어느 계절이든 아름답고 굳건한 모습으로 우리 곁에 묵묵히 자리하고 있다. 남한산성을 병자호란의 치욕스런 패전의 역사를 보여주는 장소라고 깎아내리거나 외면한 때도 있었지만, 혹자는 산성 축성 기술의 교류를 보여주는 동북아의 대표적인 산성이라고 한다.

기록에 의하면 남한산성 안에는 17세기부터 구한말까지 1천호의 주민이 살았다고 한다. 인구가 더 늘어 산성이 협소하게 되자 성 밖에 사람들이 자리 잡게 되어 생긴 마을이 천호동이라 하니 삶의 터전으로서 산성은 엄연한 도시였다고 볼 수 있을 것이다.

그러나 큰 도시이자 행정의 중심지였던 산성이 일제강점기를 지나 해방 이후 우리의 관심 속에서 잊히고, 1천호가 많은 넘는 산성 사람들이 새로운 기회를 찾아 떠난 이후에 묵묵히 산성을 지켜왔던 사람들이 바로 광주 시민이었다.

경기도와 남한산성 관광사업단(남한산성 세계유산센터의 전신)에서 세계유산 등재를 위하여 노력을 기울여 드디어 지난 2014년 6월 22일 한국시간 오후 3시 30분 카타르 도하에서 우리나라의 11번째, 세계의 990번째 유산으로 등재되는 영광이 있고서야 우리나라 사람들뿐만 아니라 세계적으로 관심과 사랑을 받게 되었다. 그러나 세계유산이 된 산성을 지속적으로 가꾸고 지켜나가야 할 사람도 바로 광주 시민일 것이다.

세계문화유산 남한산성이 누군가에게는 그저 수도권에서 가볼 만한 주말 등산 명소이거나, 닭백숙이 유명한 '유원지'에 불과했을 때에도 묵묵히 현장에서 많은 탐방객을 만나며 산성의 의미와 역사, 산성 안에 있는 수많은 문화재에 얽힌 이야기와 산성에 살았던 사람들의 발자취를 전하던 안미애 해설사의 열정이 드디어 책으로 묶여 발간에 이르렀다.

평소 남한산성을 아끼고 묵묵히 산성을 삶의 터로 가꾸고자 노력했던 안미애 선생의 이 책이 세계문화유산 남한산성을 더 쉽게, 더 재미있게, 더 자랑스럽게 알아가는 길잡이가 되기를 바란다.

산성에 대한 작가의 사랑이 이 책을 접하는 독자들에게 고스란히 전달되어 앞으로 산성을 더 가깝게 여기고 더욱 자주 찾아주기를 바란다.

마음이 담긴 역사, 마음으로 들려주는 이야기

: 광주시 제20대 국회의원 **소병훈**

책을 추천하는 것은 어려운 일이다. 내가 훌륭한 책을 알아볼 수 있는 안목이 있는지 알 수 없고, 그런 안목이 있다고 해도 나의 취향이 남과 다를 수 있기 때문이다. 취향이 다른 누군가가 내가 추천하는 책을 읽고 실망하게 되면, 책의 본질적인 가치가 외면되고, 저자에게도 피해가 가는 경우가 종종 발생하게 된다. 그럼에도 공공의 가치를 위해 많은 분이 읽어줬으면 할 때는 나도 과감하게 책을 추천한다.

영국의 저명한 역사학자 E. H. 카는 '역사란 과거와 현재의 끊임없는 대화'라고 하였다. 단순한 사실이 아니라, 우리가 지금 보고 들으며 경험하는 것들과 남아 있는 자료들에 기초하여 과거를 현재와 연결되는 맥락 속에서 이해해야 한다는 것이다. 우리는 이렇게 바라본 과거를 바탕으로 새로운 미래를 준비할 수 있다.

남한산성에는 병자호란 때 인조가 삼배구고두(三拜九叩頭)를 했던 치욕과 이를 거울삼아 강대한 조선을 이룩하기 위한 숙종과 영조의 다짐, 민주주의를 위해 투쟁했던 현대사의 모습 등 우리나라의 역사가 고스란히 담겨 있다. 하지만 우리는 그동안 여기에 녹아 있는 다양한 역사적 감정을 그저 설명으로 나열된 글 속에서만 접해왔다.

우리는 수어장대(守禦壯臺)에서 영조가 인조를 떠올리며 되새김했을 치욕과 효종을 생각하며 가슴에 새겼을 북벌을 이루지 못한 원한의 감정을 느낄 수 있다. 오늘날 대한민국의 본질을 이루고 있는 민주주의를 쟁취하기 위해 계몽을 역설했던 해공 신익희 선생의 근심도 남한산성에 있는 추모비에 묻어 있다. 온전히 이해하기 어려운 것들도 그 장소에서 지금과는 다르지만 비슷한 풍경을 보면 비로소 마음으로 이해할 수 있다. 우리는 그 순간 조금 더 가까이 역사에 다가가게 된다.

이 책은 틀에 박힌 기록 위주의 역사에서 벗어나 특별하고 숨은 이야기를 통해 역사에 쉽게 접근할 수 있는 흥미를 담은 책이다. 저자는 오랜 기간 남한산성 해설사로 활동했다. 마음이 담긴 역사를 마음으로 전달했던 저자의 소중한 경험은 지루하다고만 느꼈던 역사에 여러분이 흥미를 느끼도록 도와줄 것이다. 이 책을 읽는 과정이 문화와 역사를 사랑하는 시민에게 역사의 한 순간순간을 공유할 수 있는 소중한 시간이 되길 바란다.

남한산성의 위상을 널리 알려야

: 한국관광공사 부사장 **이재성**

남한산성은 2014년에 유네스코에 의해 세계문화유산으로 지정되었다. 그러나 아직도 이 사실을 모르는 사람이 많아 안타깝다. 남한산성이라 하면 '걷기 좋은 길'이 먼저 떠오를 정도로 아름다운 곳이다. 이곳이 아름다운 것은 사시사철 변화하는 자연환경뿐 아니라 지금에도 산성마을로서 그 기능을 다하고 있기 때문이다. 남한산성 곳곳에는 우리가 기억해야 할 수많은 문화재가 있고, 우리가 읽어야 하는 이야기가 있다. 남한산성을 방문한다면 먼저 이 책을 읽어볼 것을 권한다. 알아야 비로소 보인다는 말을 실감하게 될 것이다. 이 책을 통해 남한산성이 더 널리 알려지고, 더욱 빛나기를 기대해 본다.

제대로 남한산성을 볼 수 있는 책!

: 대동문화재단 이사장 **조상열**

남한산성에 관한 책이 나온다니 우선 반가운 마음이다. 남한산성은 백제에서부터 그 터가 마련되었고, 인조 때 증축되어 이후 숙종, 영조, 고종대에 거쳐 조금씩 고쳐지면서 완성되었다. 병자호란만으로 기억하기에는 너무나 많은 의미가 있는 곳이다. 남한산성이 세계문화유산으로 등재될 수 있었던 것도 인류 역사의 중요한 발달 단계를 보여주는 건물, 건축술 또는 기술적인 총체로서의 탁월한 사례로 인정받았기 때문이다. 수천 년의 역사를 지닌 성곽의 가치, 군사도시로의 가치, 불리한 여건에서도 죽음으로 맞선 항전의 역사나 삼학사의 충절 등이 이제야 빛을 발할 수 있게 되었다. 이 책이 재미있고, 속 시원하게 남한산성 곳곳에 숨겨진 이야기를 알려준다니 기쁘지 않을 수 없다. 이 책은 어른들이 먼저 알고 아이들에게 남한산성에 대해 말해줄 수 있는 책이 될 것이다.

남한산성 답사에 참으로 좋은 안내서

: 광주향토문화연구소 소장 **박광운**

남한산성이 2014년 6월에 세계문화유산으로 지정된 것은 우리나라 석성(石城) 중에 가장 역사성과 자연이 어우러져 천 년 이상을 이어져 내려오도록 잘 보전되어온 결과라고 할 수 있다. 2015년부터 남한산성을 찾는 사람들이 과거에 비해 배 이상 증가하였고, 탐방객들은 남한산성의 역사성과 자연을 만끽하고 돌아가고 있다.

남한산성에서 해설사로 십여 년을 넘게 활동해온 안미애 해설사가 그의 축적된 경험과 현지에 거주하면서 문화재는 물론 남한산성에 전해오는 전설과 숨겨진 이야기들을 한데 묶어 〈한국인이 꼭 알아야 할 30가지 남한산성 이야기〉를 발간한 것은 남한산성을 답사하고자 찾아오는 탐방객들에게 참으로 좋은 안내서가 될 것이며 남한산성을 이해하는 데 큰 도움이 되리라 믿는다.

단순히 산행을 즐기러 온 사람은 물론, 역사탐방 차원의 방문객들도 제한된 시간에 어디서부터 무엇을 보고 감상하여야 할까를 고민할 것이다. 조선시대의 행궁을 먼저 갈까, 백제시조의 위패를 모신 숭렬전을 먼저 갈까, 병자호란 삼학사를 모시고 있는 현절사를 먼저 갈까, 문화재 1호인 수어장대를 먼저 올라갈까, 망설여진다. 문화재를 제외한 숨은 이야기는 무엇이 있을까, 조선 후기에는 민가가 4천여 호에 달하였다는데 이 좁은 성안에서 어떻게 살았을까? 궁금하기도 할 것이다.

이 책에서는 어린이들도 역사 속에 숨어 있는 이야기들을 이해하기 좋도록 기록하였기 때문에 어른들이 어린이에게 일일이 설명하지 않아도 될 만큼 해설을 잘해놓았다. 저자는 축적한 경험과 지식을 집대성하여 이 책을 발간하기까지 각고의 노력을 기울였으니, 참으로 힘들게 집필하였을 것이다. 저자의 노력을 높이 평가하는 바이며, 강호제현에게 감히 일독하시라고 추천하는 바이다.

: 문화기획가, 축제전문가 **윤성진**

남한산 초등학교의 학부모이자 5년째 남한산성의 주민으로 살면서 남한산성이 세계문화유산이 된 후 늘어난 관광객들로 주말마다 몸살을 앓고 있는 모습을 보아왔다. 그러나 많은 방문객이 그저 관광지로, 등산로로 산성을 찾고 있는 것 같아 늘 아쉬웠다.

그들에게 남한산의 웅숭깊은 이야기, 선조의 한과 땀이 서린 성벽의 숨은 역사를 들려줄 수 있는 이야기 책이 드디어 나왔다. 산성리의 주민이면서 남한산성에 대한 다양한 해설을 해온 안미애 작가의 살아 있는 남한산성의 이야기를 읽어볼 수 있는 기회가 생겨서 무척 반갑다.

: 한국문화기획학교 이사장 **조정국**

남한산성은 최근 세계문화유산으로 등재되면서 무척 각광받고 있다. 그런 남한산성을 대상으로 다양하고 솔직한 이야기를 담은 책이 출간되어 무척이나 반갑고 기쁘다. 저자는 오랫동안의 활동과 경험을 토대로 산성의 역사와 그와 관련된 맛깔스러운 이야기를 여러 관점에서 잘 풀어내고 있다.

남한산성과 관련된 숨은 이야기들이 세상 밖으로 나와 많은 독자의 관심 속에서 사랑받고, 새롭게 인식되는 계기가 되었으면 한다.

단행본

〈남한비사〉, 광주문화원, 2003.

〈중정남한지〉, 광주시·광주문화원, 2005.

〈광주금석문대전〉, 광주시·광주문화원, 2005.

〈산성일기 병자〉, 광주문화원, 2006.

〈그곳에는 무엇이 있을까〉, 광주문화원, 2008.

〈너른 고을 옛이야기〉, 광주문화원, 2008.

〈광주향토사료집〉, 광주문화원, 2000.

〈광주시사〉, 광주시·광주문화원, 2010.

〈남한일기〉, 광주문화원, 1992.

〈광주향교지〉, 광주향교편집위원회, 2003.

〈광주군의 역사와 문화유적〉, 광주군 · 기전문화재연구원, 2000.

〈암문(4) · 수구지일대 발굴조사〉, 중원문화재연구원 · 경기문화재단, 2007.

〈남한행궁(좌전) 중건공사보고서〉, 경기도 · 경기문화재단, 2004.

〈남한행궁지/시 발굴조사보고서〉, 광주군 · 한국토지공사 토지박물관, 1999

〈남한산성 문화유적/지표조사보고서〉, 광주군 · 한국토지공사 토지박물관, 2000.

〈남한행궁지/2차 발굴조사보고서〉, 광주군 · 한국토지공사 토지박물관, 2000.

〈남한행궁지/3차 발굴조사보고서〉, 광주시 · 한국토지공사 토지박물관, 2001.

〈남한산성/발굴조사보고서〉, 경기도 · 한국토지공사 토지박물관, 2002.

〈남한행궁지/ 제4.5차 발굴조사보고서〉, 광주시 · 한국토지공사 토지박물관, 2003.

〈땅이름 역사산책〉, 김기빈 편저, 한국토지공사 토지박물관, 2000.

〈남한산성 연구총서 제2권〉, 경기문화재단 남한산성문화관광사업단, 2011.

〈남한산성 사료총서 제1권 역주 남한등곡〉, 경기문화재단 남한산성문화관광사업단, 2012.

〈남한산성사료총서 제2권 고지도 · 옛사진 자료집:100년의 풍경〉, 경기문화재단 남한산성문화관광사업단, 2012.

〈남한산성역사 자료가이드북〉, 경기문화재단 남한산성 문화관광사업단, 2012.

〈병자호란1, 2〉, 한명기, 푸른역사, 2013.

〈국가재건과 청의 침입〉, 이이화, 한길사, 2007.

〈하멜표류기〉, 김태진(역), 서해문집,

〈오주석의 한국의 미특강〉, 오주석, 솔, 2003.

〈우리 궁궐 이야기〉, 홍순민, 2010.

〈궁궐로 떠나는 힐링여행 경복궁〉, 이향우, 인문산책, 2013.
〈궁궐의 우리 나무〉, 박상진, 눌와, 2014.
〈늘 맑은 강마을〉, 남한산초등학교, 2010 강마을
〈신익희 평전〉, 구경서, 경기출판사, 2000.
〈심양장계〉, 김남윤(역), 아카넷, 2014.
〈민회빈강씨, 멜론〉, 김용상, 2011.
〈소현세자〉, 박안식, 예담, 2008.
〈알기 쉬운 한국건축용어 사전〉, 김왕직, 동녘, 2007.
〈민회빈강씨, 광명문화원〉, 정영미, 2005.
〈남한산성 굴욕의 47일〉, 윤용철, 서울교과서, 2007.
〈우리 궁궐의 비밀〉, 혜문, 작은숲, 2014.
〈산성일기〉, 김광순, 서해문집, 2004.
〈남한산성의 치욕〉, 최홍식, 조선출판물수출입사, 2004.
〈남한산성 품에 안긴 산성마을〉, 전국문화원연합회 · 한국향토사연구전국협의회, 전국문화원 연합회, 1999.

인터넷

광주시, http://www.gjcity.go.kr/
남한산성세계유산센터, http:/nhss.ggcf.kr/
조선왕조실록, http://sillok.history.go.kr/
문화유산채널, http://www.heritagechannel.tv/
동아일보, 우리말의 현주소, 1977. 8. 25 기사
디지털포천문화대전, http://pocheon.grandculture.net/
조선왕조실록, http://sillok.history.go.kr/
위키백과, http://ko.wikipedia.org/

학술자료

유네스코 세계유산 등재기념 남한산성 국제학술 심포지엄 세계유산 우수 보존관리사례연구, 2014.
경기개발연구원, 남한산성의 역사적 가치와 현대적 의미 재조정, 2008.
김기덕, 조선 후기 남한산성 관아건축의 변천, 건축역사연구 제20권 6호 통권79호, 2011.
홍금수, 산성취락연구: 남한산성 광주읍치의 형성과 쇠퇴, 한국지역지리학회지, 제10권 제2호, 2004.